KB203677

인생의
무의미를
논하기 전에

_기독교 신앙의 기본 진리

인생의
무의미를
논하기 전에

개정 1쇄 펴낸 날 · 2011년 3월 25일 | **개정 2쇄 펴낸 날** · 2014년 11월 20일

지은이 · 장경철 | **펴낸이** · 원성삼

등록번호 · 제2-1349호(1992. 3. 31) | **펴낸 곳** · 예영커뮤니케이션
주소 · (136-825) 서울시 성북구 성북로 6가길 31 | **홈페이지** www.jeyoung.com
출판사업부 · T. (02)766-8931 F. (02)766-8934 e-mail:jeyoung@chol.com
출판유통사업부 · T. (02)766-7912 F. (02)766-8934 e-mail:jeyoung@chol.com
Copyright ⓒ 2011. 장경철

ISBN 978-89-8350-752-5 (03230)

값 9,000원

인생의
무의미를
논하기 전에

_기독교 신앙의 기본 진리

장경철

예영커뮤니케이션

인생의 무의미를 논하기 전에

다른 많은 사람들과 마찬가지로, 삶의 무의미로 인해 고생했던 경험이 있습니다. 종종 원했던 목표를 이루었으나 삶의 기쁨과 만족이 없었습니다. 가는 곳마다 낯선 곳이요 만나는 사람마다 낯선 사람들의 홍수 속에서 내 존재의 의미를 찾지 못했습니다. 이리저리 떠밀려 다니는 사람들의 물결 속에서 내가 산다는 것이 무슨 의미가 있는가를 자문하곤 하였습니다. 그렇게 무의미한 삶을 살다가 믿음의 세계 속에 들어가게 되었습니다.

이 책은 **기독교 신앙의 기본 진리**를 소개하기 위하여 쓴 책입니다. 이 책에서 저자는 기독교 신앙의 첫 단계에 있는 사람들과 믿음의 내용을 궁금해 하는 분들을 위하여 기독교 믿음의 핵심적 내용을 서술했습니다.

1장에서는 **"믿음이 과연 비합리적인가?"**라는 질문에 답할 것입니다. 이 세계 속에서 하나님을 믿는다는 것은 지적인 정직성을 포기하는 것이 아님을 몇 가지 사례를 통해서 지적하면서, 하나님을 믿는 것에 대한 간단한 변론을 시도할 것입니다.

2장에서는 **"하나님은 어떤 존재인가?"**라는 질문에 답을 시도할 것입니다. 하나님에 관한 몇 가지 편견을 지적하면서 우리 삶에 침투해 오시는 하나님을 묘사하려고 합니다. 하나님이 왜 선악과를 만들었는가에 대한 변론도 시도할 것입니다.

3장에서는 **"나는 어떤 존재인가?"**라는 질문에 답할 것입니다. 인간 삶의 문제는 인간 개인에게 있지 않으며, 내 삶이 근원과 분리되어 있기 때문에 인생의 문제들이 발생한다는 점을 지적할 것입니다. 생명력 있는 나무가 메마른 고목이 되고, 좋은 씨앗이 '바람에 나는 겨'의 운명이 되는 것은 생명의 근원에서 이탈되었기 때문입니다.

4장에서는 **"예수는 누구인가?"**라는 질문에 답할 것입니다. 예수라는 인물에 대한 오해를 지적할 것이며, 예수를 믿는 것이 어떻게 우리의 삶에 새로운 지평을 열어 줄 수 있는지를 설명하려고 합니다. 믿음에 관해서 설명할 때 우리가 흔히 마주치는 질문에 대해서 답변을 시도합니다. 즉, "선행과 관계없이 믿음으로 구원을 주는 것은 불공평하지 않은가?", "구원을 주려면 모든 사람을 구원해야지 왜 굳이 믿음을 요구하는가?"라는 질문에 답변을 시도할 것입니다.

5장에서는 **모든 사람을 향한 하나님의 부르심**을 전달할 것입니다. 5장에서의 질문은 "(하나님이 나를 만들었다면) 하나님은 왜 나를 만들었는가?" 또는 "나는 도대체 왜 태어났는가?"입니다. 인간 존재의 목적은 그 존재보다 작은 것에는 발견될 수 없습니다. 이 질문에 대한 답변을 시도하는 가운데, 내 인생을 던질 만한 목적이 무엇인가를 탐구해 보고자 합니다.

이 책은 참된 인생 가운데로 들어가자는 초대입니다. 우리를 참된 삶으로 부르시는 예수의 음성을 들을 수 있기를 바랍니다. 특히 삶의 무의미로 인하여 고통당하는 분에게 이 책이 도움이 되기를 바라며, 참으로 살아 있는 삶을 살아가는 데 중요한 계기가 되기를 바랍니다.

2011년 봄

장경철

인생의
무의미를
논하기 전에

개정판 서문

1. 믿음이 괴연 합리적인가?

2. 창조주 하나님

3. 인간의 실상 _나는 누구인가?

4. 예수 그리스도의 복음

5. 우리를 향한 하나님의 부르심

참고서적

인생의 무의미를 논하기 전에

1. 믿음이 과연 합리적인가?

현대의 정신적 분위기
_근대정신의 전제

학교에서 기독교개론을 가르치다 보면 하나님의 존재에 대해 의문을 품은 무신론자 학생들과 마주치게 됩니다.

"선생님, 하나님이 정말 있습니까? 하나님이 존재한다는 것을 어떻게 알 수 있습니까? 눈에 안 보이잖아요."

어떤 학생들은 자신의 현재 무신론적 삶에 불만을 느끼고 하나님을 믿기 원합니다. 그들은 자신에게 하나님 존재에 대한 확신이 없으므로 선뜻 신앙의 길에 들어서지 못하는 심정을 토로하기도 합니다.

"어떤 때는 하나님을 믿고 싶어요. 하지만 신(하나님)이 존재한다는 확신이 생기지를 않아요. 하나님을 한 번만 볼 수 있다면 믿겠어요."

수업 중에 나 자신이 한때 무신론적인 확신을 갖고 살았던 시절을 말할 때면 학생들은 호기심 어린 눈초리로 바라봅니다.

"선생님은 어떻게 하나님의 존재를 믿게 되었어요? 하나님의 존재를 믿을 만한 근거는 어디에 있어요? 하나님을 믿는 것은 비합리적인 것이 아닙니까?"

오늘날의 사람들은 하나님을 믿고 싶어 하지만 믿을 수 없는 상황 속에서 고민하고 있습니다. 사람들은 때때로 자신의 한계를 경험합니다. 인간의 한계를 경험하게 만드는 한계 상황이 우리에게 다가옵니다. 가족이나 친구의 죽음과 직면하게 되었을 때, 자신이 질병으로 인하여 고통당할 때, 그리고 절망으로 인하여 괴로워할 때 우리는 하나님을 찾고 싶어 합니다. 하지만 우리는 하나님에 대한 확신에 이르지는 못합니다.

우리가 하나님에 대한 확신에 이르지 못하는 이유는 무엇일까요? 무신론(無神論)이나 유신론(有神論)은 모두가 하나의 신앙적 입장입니다. 그런데 많은 사람들은 무신론은 과학적이며 유신론은 비과학적이라는 생각을 하고 있습니다. 왜 사람들은 하나님의 존재(存在)를 받아들이기보다는 하나님의 부재(不在)를 받아들이는 방향으로 나아갈까요?

오늘날의 사람들이 유신론보다는 무신론에 기우는 데에는 여러 가지 원인이 있습니다. 그 가운데 가장 분명한 원인은 우리 시대의 지적인 분위기입니다. 사람들은 언제나 자기가 의식하는 것 이상으로 그 시대의 사고방식에 의해 영향을 받으며 살고 있습니다. 이는 사람의 생각이 언제나 주변 사람들과의 상호 작용 속에서 얻어지기 때문입니다.

현대의 정신적인 분위기는 근대정신(modern mind)에 의하여 영향을 받

고 있습니다. 근대정신의 특징은 감각적으로 실증될 수 있는 것_{(다시 말}
_{하자면 감각 기관에 의하여 파악되는 것)}만이 존재한다고 생각하는 데 있습니다. 육
신적 감각_(시각, 청각, 촉각, 후각, 미각)에 의하여 관찰되거나 파악되지 않는 것
은 존재하지 않는다는 확신이 현대인의 생각 속에 침투해 있습니다.
그러므로 사람들은 "하나님이 눈에 보이지 않는데 어떻게 믿을 수 있
는가? 하나님의 음성이 귀에 들리지 않는데 어떻게 하나님의 존재를
수용할 수 있는가?"라는 질문을 던지게 됩니다.

우리 시대는 눈에 보이지 않는 것의 중요성을 쉽게 인식하지 못합
니다. 모든 것은 감각 위주로 전개되기 때문입니다. 우리는 눈앞의 의
자가 존재하고 책상이 존재하며 책상 위의 전화기가 존재하는 것은 쉽
게 믿습니다. 하지만 눈에 보이지 않는 것의 실체는 간과하며 살고 있
습니다. 그러므로 눈에 보이지 않는 하나님이 존재한다는 주장은 우
스꽝스러운 주장으로 들립니다. 우리 귀에 들리지 않으므로, 하나님
께서 말씀하신다는 주장은 괜한 소리로 들립니다.

이러한 근대정신의 전제는 다음의 일화 속에서 분명히 드러납니
다. 예전에 옛 소련_(러시아)이 최초로 우주선을 쏘아 올렸을 때의 이야기
입니다. 그 우주선에 탑승하고 하늘에 올라갔던 우주인이 지구에 되
돌아와서 의기양양하게 했던 말이 있습니다. "하늘에 가서 보니 하나
님이 존재하지 않더라." 하늘, 곧 우주 공간에 가서 자신의 눈_(육신적)으
로 아무리 관찰해 보았어도 하나님을 찾을 수 없었다는 것입니다. 이
우주인의 말 속에는 현대인의 정신적 분위기가 숨어 있는데, 그것은
자신의 눈에 보이지 않으면 존재하지 않는다는 생각입니다.

러시아의 우주인이 하나님을 만나지 못했다고 말하자, 어떤 신학
자는 다음과 같이 대꾸했다는 말이 있습니다. "그 우주인이 하나님을

만나지 못했다니 애석한 일이다. 만일 그가 우주복을 벗고 우주선 밖으로 한 걸음만 나갔다면 그는 하나님을 틀림없이 만날 수 있었을 것이다." 후에 다른 우주인은 우주를 탐사하고 온 뒤에 하늘에 가서 보니 하나님이 창조한 우주가 아름다웠더라고 말했다고 합니다. 이러한 일련의 언급 속에서 우리는 하나님 존재에 대한 전제와 선입견이 서로 다르다는 것을 알 수 있습니다.

　　그런데 하나님이 우리 눈에 보이지 않는다는 것은 하나님의 존재를 부인하는 데 확실한 증거일까요?

안보이면 없는 것인가?

여기서 나는 두 가지 질문을 던져 보고 싶습니다. 첫째로, 보이지 않는 것은 정말로 존재하지 않습니까? 둘째로, 보이는 것이 사물의 참된 모습입니까? 이러한 두 가지 질문을 통하여 하나님을 믿는 것이 비합리적인 선택인가에 대해서 탐구하기를 원합니다.

먼저 첫 번째 질문입니다. 보이지 않는 것은 정말로 존재하지 않습니까? 그렇지 않습니다. 우주에는 참으로 여러 종류의 존재들이 있습니다. 먼저 물체들이 있는데, 모든 물체들이 다 우리의 눈에 보이는 것은 아닙니다. 이는 인간의 시력이 제한적이기 때문입니다.

인간의 시력은 유한(有限)하기 때문에 모든 물체를 다 볼 수는 없습니다. 우리는 너무 멀리 있는 것을 보지 못하며 너무 가까이 있는 것도 보지 못합니다. 하늘에는 많은 별들이 있지만 인간의 눈에 들어오는 별의 숫자는 실제 별의 숫자에 비하면 아주 적은 숫자일 뿐입니다. 존재하는 모든 것이 다 인간의 눈에 보이는 것은 아닙니다.

우리가 시각적인 도구들(현미경 또는 망원경)을 활용한다면 우리는 더 많은 물체들을 볼 수 있습니다. 하지만 애석하게도 현미경이나 망원경을 사용한다고 할지라도 우리는 하나님을 볼 수는 없습니다. 그러면 우리의 눈이 볼 수 있는 사물들은 어떤 것들일까요? 대개 우리 눈에 보이는 것들은 아주 큰 것도 아니고 아주 작은 것도 아닌 중간 크기의 물체들뿐입니다.

근대 과학의 공헌을 언급하면서 개럿 그린은 말합니다.

"근대 과학은 우리로 하여금 우리 주변의 세계의 사물들을 보다 명료하게 볼 수 있도록 만들어 주었다. 이러한 세계에서 특징적인 것은 이 세계 속에는 '중간 크기의' 사물들이 주로 살고 있다는 것인데, 이것들은 대개 우리 자신들과 비슷한 크기이며, 세균, 바위, 행성 등과 같은 것들이다."[1]

여기서 그린이 말하는 '중간 크기' 또는 '우리 자신들과 비슷한 크기'에 해당하는 것들은 아주 작은 미생물에서부터 거대한 행성에 이르기까지 다양한 것들입니다.

우리가 아무리 발달된 관찰 도구들을 사용한다고 할지라도 인간의 눈에 들어오지 않는 물체들도 있습니다. 이는 우리가 볼 수 있는 크기의 물체들보다 훨씬 더 크기 때문입니다. 예를 들어, 우리는 세상에서 가장 큰 것, 곧 우주(宇宙) 자체를 볼 수는 없습니다. 우리 자신이 우주의 일부분이기 때문이며, 우리가 우주의 바깥에 나가서 우주 전체를 조망할 수 없기 때문입니다. 이는 그림의 일부분이 그림 전체를 바라볼 수 있는 관점(觀點: 보는 지점)을 가질 수 없는 것과 같은 이치입니다.

반면에 우리가 볼 수 있는 중간 크기의 물체들보다 훨씬 더 작기 때문에 보이지 않는 것들도 있습니다. 우리는 물체의 최소 단위를 구성

---

1) 개럿 그린, 『하나님 상상하기: 신학과 종교적 상상력』(한국장로교출판사, 1996), p.116.

하는 것이 무엇인지 보지 못합니다. 이는 물체의 최소 단위가 우리 눈에 관찰될 수 있는 크기가 아니기 때문입니다. 과학자들은 가장 작은 물체가 눈에 보일 수 있는 그림의 형태로 설명될 수 없다는 것을 잘 알고 있습니다. 물론 그들은 눈에 보이지 않는다고 하여 그것이 존재하지 않는다고 생각하지는 않습니다.

우주 전체의 실재는 보일 수 없으며, 우주를 구성하는 최소 단위도 관찰될 수 없습니다. 그러나 우리가 관찰할 수 없다고 하여 우주 전체의 실재(reality)가 부인되지도 않으며, 물체의 최소 단위도 부정되지 않습니다. 그러므로 보이지 않기 때문에 그것이 존재하지 않는다고 결론을 내리는 것은 성급한 결론입니다.

보이는 것이 전부(全部)인가?

이제 우리는 두 번째 질문을 던집니다. 눈에 보이는 것이 사물의 참된 모습입니까? 나는 아니라고 생각합니다. 눈에 보이는 것은 보이지 않는 것에 의해 형성된 것입니다. 우리 주변을 둘러보면, 대개 눈에 보이는 물체를 움직이는 것은 눈에 보이지 않는 실체(實體)입니다. 우리 눈에 보이도록 나뭇잎을 날리는 것은 눈에 보이지 않는 바람이며, 여름에 무성한 잎사귀를 제공해 주는 것도 눈에 보이지 않는 생명입니다.

텔레비전 수상기는 보이는 화면을 제시해 주는데, 그것은 보이지 않는 전파를 통하여 우리 가정에 배달됩니다. 보이지 않는 전파가 배달되지 않는다면 아무리 좋은 텔레비전이라고 할지라도 아무런 내용도 보여 주지 못할 것입니다. 텔레비전을 움직이게 만드는 전기도 눈에 보이지 않습니다.

예전에 눈에 보이는 것만을 중요하게 생각했던 한 해부학 의사의 이야기를 들은 적이 있습니다. 이 해부학 의사는 인간에게는 영혼이라는 것이 존재하지 않는다고 주장하였습니다. "나는 수천 명을 해부해 보았습니다. 인간의 뇌도 해부했지만 인간의 영혼을 발견하지 못했습니다." 이 말을 듣던 한 할머니가 의사에게 질문했습니다. "선생님은 사모님과 아이들을 사랑하십니까?" "물론 사랑합니다. 그런데 그 질문은 왜 하시지요?" 할머니가 대답했습니다. "제게 수술용 칼을 하나 빌려 주신다면, 선생님의 그 사랑이 창자에 있을지, 위장에 있을지 찾아보고 싶습니다."

만일 눈에 보이지 않는 전기가 공급되지 않는다면 우리는 그 어떤 가전제품도 사용할 수 없습니다. 예전에 우리 집에 정전(停電) 사고가 있었습니다. 그때 집의 가전제품의 보이는 부품들 가운데 잘못된 것은 하나도 없었으나 우리는 가전제품을 사용할 수 없었습니다. (정전이 될 때마다 나는 생각합니다. '인간이 전기의 힘으로 움직이지 않는다는 것은 얼마나 다행스러운 일인가!')

우리 눈에 보이는 것은 사물의 일부분에 불과합니다. 마치 빙산이 일부분의 모습만 수면 위로 드러내고 있듯이, 모든 존재는 자기 존재의 일부분만을 우리 육신의 시각에 보여 줍니다. 많은 경우에 실체(實體)는 보이지 않으며 보이는 현상(現象) 뒤에 숨어 있습니다.

보이는 것의 배후에는 언제나 보이지 않는 것이 자리 잡고 있다는 것에 대한 좋은 실례는 빛입니다. 우리가 사물을 볼 수 있는 것은 빛이 있기 때문입니다. 빛이 없다면 우리는 그 어떤 것도 인식할 수 없을 것입니다. 로버트 월러의 『매디슨 카운티의 다리』라는 소설이 있습니다. 이 책은 사진 작가였던 킨케이드와 프란체스카라는 여인 사이의 사랑을 다룬 소설인데, 본문에 다음과 같은 내용이 나옵니다.

로버트 킨케이드는… 도서관에서 사진 서적과 예술 서적을 읽으며 공부했다. 특히 프랑스 인상파 화가들과 렘브란트의 광선 이용법을 좋아했다. 그는 곧 터득하기 시작했다. 사진을 찍는 대상은 피사체(被寫體)가 아니라 '빛이라는 것을' 피사체는 단지 빛을 반사하는 수단에 불과했다. 광선이 좋으면 언제나 촬영할

만한 것을 찾아낼 수 있었다.[2]

여기서 주인공 킨케이드는 눈에 보이는 사물들이 참으로 존재하는 것의 실체(實體)가 아니라는 사실을 깨닫습니다. '그렇다. 사진의 진짜 대상은 사진이 찍히는 물체가 아니라 빛이다. 만일 빛이 없다면 어떻게 물체의 인식이 가능하겠는가!'

그렇습니다. 빛이 있기 때문에 우리는 사물의 모양도 볼 수 있고, 색채도 인식할 수 있습니다. 빛이 없다면 우리는 사물이 존재하는지 혹은 존재하지 않는지조차 알 수 없습니다. 보이는 물체의 모양, 색채, 크기에 대한 인식은 보이지 않는 빛의 실체가 있기 때문입니다. 그러므로 눈에 보이는 것만이 존재한다는 전제와 마찬가지로, 보이는 것이 사물의 참 모습이라는 생각은 잘못된 생각입니다.[3]

2) 로버트 월러, 『매디슨 카운티의 다리』(시공사, 1993), p. 28.
3) "우리가 주목하는 것은 보이는 것이 아니요 보이지 않는 것이니 보이는 것은 잠깐이요 보이지 않는 것은 영원함이라"(고린도후서 4:18).

하나님의 존재 이전에
하나님의 현존

하나님은 왜 우리의 눈에 보이지 않을까요? 그것은 하나님이 너무 크거나 너무 작기 때문만은 아닙니다. 하나님은 피조물 세계에 속한 물체가 아닙니다. 오히려 모든 피조물을 창조한 존재로서 하나님은 피조물 세계의 창조주이지 피조물의 일부분이 아닙니다. 하나님은 세계와는 엄격히 구분되는 존재입니다.

하나님은 우주와 구분되는 존재이므로, 하나님은 우주 가운데 가장 높은 존재이거나 가장 큰 존재가 아닙니다. 하나님은 우주의 모든 존재(가장 큰 존재에서 가장 작은 존재에 이르기까지)를 창조한 존재입니다.

좋은 시각 도구를 사용한다면 우리는 눈으로 보지 못하는 다른 피조물을 볼 수도 있습니다. 하지만 아무리 좋은 시각 도구를 사용하더라도 우리는 하나님을 직접 볼 수는 없습니다. 제한된 시각으로 인하여 우리가 직접 보지 못하는 피조물도 너무나 많은데 우리가 하나님을 직접 보지 못한다는 것은 그렇게 이상스러운 일은 아닙니다.

하지만 하나님이 발견되지 않는다는 사실이 하나님이 존재하지 않음을 의미하지는 않습니다. 하나님의 존재가 이 우주 안에서 발견될 수 없는 것은 당연합니다. 하나님과 우주 사이의 관계는 화가와 그림

사이의 관계를 통하여 분명하게 표현될 수 있습니다. 예를 들어, 화가가 그림을 그렸다고 합시다. 화가의 존재는 그가 만든 그림의 일부가 아닙니다.

그림이 화가에 의하여 그려질 때, 화가의 존재는 그림과는 구분되기에 화가의 존재는 그림 속에서 발견될 수 없습니다. 그림 속에서 화가를 찾을 수 없다고 하여 화가가 존재하지 않는다고 말하는 것은 상식적인 말이 아닙니다. 오히려 그림의 존재가 화가의 존재를 암시할 수도 있습니다.

여기서 문제는 인간이 그림의 일부분에 불과하다는 것입니다. 그림의 일부분인 인간은 그림으로부터 탈출하여 화가를 직접 만날 수는 없습니다. 우리는 그림의 일부분에 불과하므로 전체 그림조차 한 눈에 볼 수 없습니다. 전체 그림조차 한눈에 볼 수 없는 한계를 가진 인간 존재가 어떻게 하나님을 보거나 만날 수 있을까요? 이제 우리는 하나님의 존재를 전혀 볼 수 없을까요?

우리는 '하나님의 존재' 대신에 '하나님의 현존(現存)'이라는 개념을 도입합니다. 현존(現存)이란 무엇이며, 하나님이 우주 속에서 현존한다는 것은 무슨 뜻일까요? 화가의 존재는 그림 속에서 발견되지 않기에 우리는 그림 속에서 화가를 만날 수는 없습니다. 그럼에도 불구하고 우리가 그림 속에서 화가의 어떤 부분을 경험할 수 있지 않을까요?

어떤 그림이 화가의 그림이라면 우리는 그림 속에서 화가의 흔적을 발견할 수 있습니다. 그림에는 화가의 구체적 손길이 닿아 있기에 화가의 흔적이 있을 것입니다. 다시 말하자면, 그림 속에는 화가의 현존의 흔적이 있습니다. 화가의 흔적이 그림 속에 남아 있듯이, 하나님의 흔적도 이 세계 속에 남겨져 있습니다. 우리는 이것을 하나님의 현존이라고 부릅니다.

어떤 의미에서 현존은 존재보다 중요합니다. 내 옆에 있는 존재는 나의 내면에 들어올 수 없습니다. 하지만 현존하는 존재는 내 옆에 없을지라도 나의 내면에 들어올 수 있습니다. 나는 나의 인생 속에 현존하는 사람들을 갖고 있습니다. 그분들은 지금 나의 옆에 있지는 않습니다. 하지만 그분들의 사상(思想)이나 비전은 나의 인생에 깊은 현존의 흔적을 남기고 있습니다. 그분들은 나의 인생에서 현존(現存)하는 사람들입니다. 반면에 지금 내 주위에 있을지라도 내게 아무런 영향도 미치지 못하는 사람들도 있습니다. 그들은 옆에 있기는 하지만 현존(現存)하지는 못 하는 사람들입니다.

이 세계 속에는 하나님의 분명한 흔적이 있습니다. 지우려고 해도 지울 수 없는 하나님의 현존의 흔적이 있습니다. 하나님은 보이지 않으나 보이는 영향력을 계속 미치고 있습니다.[4]

하나님의 현존은 부정(否定)적인 차원에서 감지될 수 있습니다. 하나님 현존의 부정적 차원을 이해하기 위하여 우리는 공기, 빛, 생명의 유비(類比)를 들 수 있습니다. 공기, 빛, 생명은 어떻게 자신의 존재를 증명합니까? 공기, 빛, 생명은 자신의 존재에 대해서 계속적으로 나팔을 불지 않습니다. 공기, 빛, 생명은 부정적인 방식으로 자신의 존재를 드러냅니다. 공기는 질식 현상을 초래함으로써 자신의 존재를 증명하며, 빛은 어둠을 초래함으로써 자신의 존재를 증명하며, 생명은 사망을 초래함으로써 자신의 존재를 증명합니다.

하나님도 부정적인 차원에서 자신의 현존을 드러냅니다. 하나님이

---

4) "우리가 그를 힘입어 살며 기동(起動)하며 존재하느니라"(사도행전 17:28).

없는 곳에는 하나님 없음의 징후가 보입니다. 성경은 하나님의 현존의 부정적 영향력을 다음과 같이 표현합니다. "여호와께서 말씀하시되 '악인에게는 평강이 없다' 하셨느니라"(이사야 48:22). 하나님은 평강의 근원이 되는 분이므로 하나님이 존재하지 않는 곳에는 평강이 경험되지 않는다는 것입니다.

하나님의 현존이 무시(無視)되는 곳에서는 하나님 없음으로 인하여 하나님의 현존의 위력이 더욱 웅변적으로 경험됩니다. 이는 마치 빛이 차단된 곳에 어둠이 초래됨으로써 빛의 존재를 웅변적으로 증명하는 것과 같은 이치입니다. 빛의 강도가 셀수록 그림자의 어둠이 더욱 진하듯이, 하나님 현존의 위력이 셀수록 하나님 없음의 비참함도 더욱 강렬합니다.

영원을 사모하는 마음

　우리는 하나님의 현존이 부정적인 차원에서 발견될 수 있음을 살펴보았습니다. 하나님의 현존은 긍정(肯定)적인 차원에서도 발견될 수 있습니다. 물론 우리는 하나님의 존재를 직접 대면할 수는 없습니다. 하지만 우리는 시간과 공간 속에서 하나님의 흔적을 찾아볼 수는 있습니다. 우리의 폐쇄된 존재의 세계를 열어젖힐 수 있는 하나님의 발자국은 어디에서 발견될 수 있을까요?

　하나님의 현존은 우주 전체에 널려 있습니다. 자연의 아름다움과 그 질서의 오묘함을 볼 때 우리는 하나님의 흔적을 볼 수 있습니다. 산맥과 바다는 하나님의 발자국입니다. 역사의 과정과 흐름은 역사의 주관자가 살아 계심을 우리에게 증언합니다.

　하나님의 현존의 긍정적인 증거가 자연과 역사에 널려 있는 것은 분명히 사실입니다. 하지만 이러한 현존의 증거는 절대적이기보다는 중립적입니다. 만일 우리에게 하나님을 향한 개방적 자세가 있다면 우리는 자연 속에서 하나님의 흔적을 찾을 수 있지만, 우리에게 하나님을 향한 개방적인 자세가 없다면 우리는 우주 현상 속에서 하나님을 발견할 수 없을 것입니다. 신앙의 자세는 하나님의 현존을 인정하는 방향으로 우리의 감각을 인도하는 반면에, 불신앙의 자세는 하나님을 부정하는 방향으로 우리의 감각(感覺)을 인도할 것이기 때문입니다.

우리는 하나님 현존의 긍정적인 모습을 인간의 외부에서보다는 인간의 내면에서 찾습니다. 인간의 내부에는 하나님 현존의 흔적이 남아 있습니다. 인간의 마음속에 하나님의 흔적이 있다는 것은 무엇을 의미합니까?

인간의 마음속에 있는 하나님의 현존이란 인간이 유한한 대상에서 결코 만족을 발견하지 못한다는 사실에 있습니다. 인간은 무엇을 얻든지 곧 권태에 빠집니다. 인간은 불만 속에서 어떤 것을 추구합니다. 하지만 목표가 성취되자마자 인간은 지루함을 경험합니다.

나는 유한한 대상을 향한 불만 가운데 있는 인간의 모습 속에 '영원을 향한 그리움'이 있다고 생각합니다. 인간의 욕망은 유한한 대상을 넘어서서 언제나 그 이상의 것을 바라보게 만듭니다. 이 세상에는 자기가 얻은 것에 대해서 전적으로 만족하는 사람은 한 사람도 없습니다. 유한한 대상들은 우리의 욕망을 채워 줄 것처럼 보이나 실은 그렇지 못한 경우가 많습니다.

예를 들어, 우리가 처음으로 사랑에 대해서 그려볼 때, 우리는 사랑에 대해서 어떤 동경(憧憬)을 느낍니다. 하지만 아무리 낭만적인 사랑이라도 그것이 끝난 후에 우리는 무엇인가가 부족하다고 생각합니다. '이것이 전부인가?' 하는 의문이 내 속에서 일어납니다. 내 안에 일어난 사랑에 대한 갈망은 결혼으로도 다 충족되지 않습니다. 대단히 행복한 결혼 생활 속에서도 '이것이 전부인가?'라는 질문을 제기하는 자기 자신을 발견합니다.

유한한 대상에 대해서 불만을 갖는다는 사실은 인간에게 영원을 향한 그리움이 있음을 암시합니다. 인간이 시간 속에 있는 사물들로 인하여 만족하지 못하는 것은 영원을 사모하는 마음이 인간 속에 있기 때문입니다. 영원을 사모하는 마음은 인간으로 하여금 세상의 사물에 대해서 만족하지 못하게 만듭니다. 아무리 많은 것을 소유하고 있을지라도 인간은 채울 수 없는 공허감으로 인하여 괴로워합니다.

우리의 존재 속에 일어나는 불만은 언제나 그 이상(以上)의 대상을 향해 날아오릅니다. 우리 마음속에서 끊임없이 일어나는 유한자를 향한 불만과 알 수 없는 대상을 향한 그리움은 우리에게 하나님의 존재를 어렴풋이 지시합니다. 도대체 누가 인간 안에 그러한 불만과 동경을 심어 두었을까요? 성경은 이렇게 말합니다. "하나님이…사람들에게는 영원을 사모하는 마음을 주셨느니라…."(전도서 3:11) 유한(有限)을 넘어서 무한(無限)을 지향하는 인간의 동경은 무한의 충족자인 하나님의 존재를 지시한다는 것입니다.

무신론적 신앙을 갖고 있는 사람들은 하나님에 대한 그리움을 억제합니다. 그들은 대상을 바꿔 가면서 다른 종류의 만족을 추구하지만 유한한 대상으로는 자신의 마음속에 심겨진 그 그리움을 충족시키지 못합니다. 영원을 향한 인간의 그리움은 채워지지 아니한 채 언제나 아쉬움 가운데 있습니다. 성자 아우구스티누스(어거스틴)는 하나님으로 인한 공허감의 이유를 다음과 같이 묘사합니다.

주님, 한 줌 흙에 지나지 않는 피조물이오나 감히 입술을 열어 당신에게 찬양을 드립니다. 당신에게 찬양을 드릴 때에 우리에게 기쁨이 있습니다. 왜냐하면 당신께서는 우리를 당신을 위한 존재로 창조하셨기 때문이오며, 그리하여 주님 안에서 안식을 발견하기까지 우리의 마음은 평화를 누릴 수 없습니다.[5]

우리에게는 분명히 유한성에 만족하지 못하는 어떤 욕구(欲求)가 있습니다. 나는 우리에게 지속적인 욕구가 있음은 욕구 충족의 대상이 있음을 암시한다고 생각합니다. 만일 그 대상이 존재하지 않는다면 우리는 지속적인 욕구를 갖지 않을 것입니다. 마치 이것은 우리의 식욕이 배고픔을 충족해 줄 음식이 있음을 암시하는 것과 같은 이치입니다.

아우구스티누스가 말한 바와 같이, 우리의 마음속에는 하나님이 아니고는 그 어느 누구도 채울 수 없는 빈 공간이 있습니다. 그 빈 공간이야말로 하나님의 존재와 현존에 대한 웅변적인 증언입니다. 모든 인간에게는 '밥통(胃)'이 있어서 밥을 요구하듯이, 우리에게는 '하나님통(영원을 사모하는 마음)'이 있어서 하나님을 요청합니다.

---

5) 어거스틴, 김종웅 옮김, 『참회록』(크리스찬 다이제스트, 2002), p.35. 고백록의 또 다른 번역자이면서 어거스틴 해석가인 선한용 교수에 따르면, 이 인용문은 고백록뿐만 아니라 어거스틴의 전 사상을 요약하는 문장이다. 선한용 교수의 번역도 참고할 만하다. "당신은 우리 인간의 마음을 움직여 당신을 찬양하고 즐기게 하십니다. 당신은 우리를 당신을 향해서 살도록 창조하셨으므로 우리 마음이 당신 안에서 안식할 때까지는 편안하지 않습니다." 어거스틴, 선한용 옮김, 『성어거스틴의 고백록』(대한기독교서회, 2003), p.45.

우상과 하나님의 현존

하나님의 현존에 대한 역설적 증거 가운데 하나는 우상을 만들어 내는 인간의 종교성 안에서 찾을 수 있습니다. 하나님의 현존을 무시하는 인간의 마음은 우상의 공장으로 전락합니다. 하나님을 떠난 인간은 끊임없이 우상을 만들어 내려는 유혹 가운데 있습니다. 인간은 왜 우상(거짓 하나님)을 만들어 낼까요? 인간은 하나님 없이 태연하게 살지 못하고 우상을 만들어 낼까요? 평소에는 그토록 과학적인 인간이 위기의 순간에 왜 점을 치는 사람을 찾아갈까요? 그것은 인간 안에 내재한 두 가지 특성 때문입니다.

첫째, 인간이 우상을 만들고 숭배하는 이유는 인간에게는 지울 수 없는 하나님의 흔적이 있기 때문입니다. 인간에게는 하나님을 향한 그리움이 내재되어 있습니다. 마치 집을 나온 탕자가 아버지를 향한 기억을 지울 수 없듯이, 인간은 하나님을 향한 그리움을 지울 수 없습니다. 마치 그림이 화가의 흔적을 자신 안에 담고 있듯이, 인간은 영원과 하나님을 사모하는 마음을 자신 안에 담고 있습니다. 이것은 모두가 하나님 현존의 흔적을 지시합니다.

둘째, 인간이 우상을 만들고 숭배하는 이유는 인간이 참 하나님을 경배하기를 싫어하고 두려워하기 때문입니다. 인간은 참 하나님을 하나님으로 경배해야 할 때 겪게 될 불편함을 싫어합니다. 인간은 순종해야 할 대상(하나님)을 자기 마음에 모시기를 거부합니다. 대신에 그는 조작할 수 있는 거짓 하나님을 두기를 원합니다.

위의 두 가지 요소가 타협한 결과가 곧 우상의 탄생(誕生)입니다. 우상을 만들지 않고는 살아갈 수 없는 인간의 삶은 다음과 같은 세 단계를 밟습니다. 첫 번째 단계는 인간이 하나님을 부인하고 홀로 살아가는 길입니다. 하지만 이 길은 불가능의 길입니다. 인간은 오직 소멸될 때에만 하나님을 떠날 수 있기 때문입니다.

인간이 하나님을 떠났다고 하여 하나님도 인간을 떠나지는 않습니다. 하나님이 인간을 떠난다는 것은 곧 인간의 소멸을 의미합니다. 인간이 하나님을 떠날 때, 하나님을 떠나는 결단조차도 하나님의 돌봄 가운데 있는 결정입니다. 그러므로 인간은 하나님 없는 삶 속에서도 부인할 수 없는 하나님의 현존에 계속적으로 직면하게 됩니다.

인간은 계속적으로 직면하게 되는 하나님의 현존을 심리적으로 부인하며 살아가는데 이것이 두 번째 단계입니다. 피조물은 소멸(消滅)을 통해서만 하나님을 떠날 수 있고, 인간이 타락한 그 순간에도 하나님의 영향 아래 있기 때문에 인간이 하나님을 떠날 수 있는 유일한 길은 이제 '심리적'으로 하나님을 부인하는 길뿐입니다.

이제 인간은 하나님을 모른 척하는 삶을 살기로 결심합니다. 하나님의 현존으로 인하여 빚어지는 모든 일을 운과 팔자(八字)로 돌리기로 결심합니다. 인간은 하나님을 하나님으로 대접하지 아니합니다. 하지만 심리적으로 하나님을 부인하려는 인간의 시도는 성공할 수 없습니다. 하나님의 현존은 인간의 마음과 양심을 쿵쿵 소리 내며 두드리기 때문입니다.

인간은 이제 하나님에 대해서 공격적인 자세를 취하는데, 이것이 세 번째 단계입니다. 세 번째 단계는 거짓 하나님(우상)을 세우는 가운데 참 하나님을 부인하는 길입니다. 인간은 참 하나님 대신에 거짓 하나님을 세우고 그것을 하나님으로 숭배합니다. 인간은 거짓 하나님을 세움으로써 하나님 존재를 망각하려고 시도합니다. 때로는 자신이 세운 하나님께 경배하며, 때로는 자신이 세운 하나님을 조작하면서 인간은 우상을 세웁니다.[6]

인간은 자신이 만든 피조물을 하나님으로 높이는데, 이것은 우상숭배의 모습으로 나타납니다. 인간 자신의 존재와 주변 세계 속에 지울 수 없는 하나님의 흔적이 있다는 것과 참 하나님을 경배하기를 싫어하는 인간의 내적 반항심이 결합된 것이 곧 우상의 탄생입니다. 그러므로 인간의 삶 가운데 우상의 현상이 있다는 사실이야말로 인간에게는 지울 수 없는 하나님의 흔적이 있다는 것에 대한 웅변적이며 역설적인 증거입니다.

---

6) "너희는 이같이 그들에게 이르기를 천지를 짓지 아니한 신들은 땅 위에서, 이 하늘 아래에서 망하리라 하라"(예레미야 10:11).

모든 시간과 공간은 하나님 안에

우리는 우주의 어느 곳에서도 하나님을 찾을 수는 없습니다. 이는 하나님이 우주에 예속되는 피조물이 아니기 때문입니다. 하지만 동시에 우리는 어디에서나 하나님을 만날 수 있습니다. 왜냐하면 우주의 모든 시간과 장소 속에는 하나님의 현존이 있기 때문입니다. 하나님은 우주 속에서 발견(發見)될 수는 없지만, 하나님은 우주의 어느 곳에서나 체험(體驗)될 수 있습니다.

하나님이 발견될 수는 없으나 체험될 수 있다는 이 역설적인 진리는 다음의 예에서 어렴풋이나마 설명될 수 있습니다. 나는 예전에 도고 온천(溫泉)에 가기 위하여 경부고속도로를 이용한 적이 있습니다. 도고에 가기 위해서 천안을 거쳐 가야 했습니다. 나는 천안으로 빠져나가기 전의 한 휴게소에서 지도를 보며 천안의 길을 눈에 익히고 있었습니다.

나는 천안의 지도를 보는 가운데 (당연하지만 재미있는) 한 가지 사실을 발견하였습니다. 그것은 천안시의 지도 가운데 천안이라는 지역(부분)은 존재하지 않는다는 사실이었습니다. 내가 눈을 씻고 찾아보았어도 천안이라는 특정한 부분은 천안시의 지도에 없었습니다. 천안시 안에 천안은 없었고, 천안을 구성하는 부성동, 청수동 등이 있었을 뿐입니

다. 천안은 어느 특정한 동(洞) 속에 존재하지 않았으며, 다만 모든 동(洞)
이 천안 안에 존재하였을 뿐이었습니다.

천안과 천안의 동(洞) 사이의 이러한 비유는 비록 제한적이나마 하나
님과 우주 사이에도 적용될 수 있을 것입니다. 하나님은 이 우주의 어
느 부분에서 발견되지 않습니다. "하나님이 남극에 존재한다, 북극에
존재한다, 또는 적도에 존재한다"고 우리는 말할 수 없습니다. 우리는
또한 "하나님이 성전에 존재한다, 또는 하늘에 존재한다"고 말할 수도
없습니다. 이는 하나님이 존재하지 않기 때문이 아니라 하나님이 우
주의 일부분이 아니기 때문입니다.

하나님은 우주의 일부분에 속하면서 시간과 공간의 제한을 받는 존
재가 아닙니다. 하나님은 결코 이 우주의 한 부분에 그저 꿰다 놓은 보
릿자루처럼 자리 잡고 있는 존재가 아닙니다. 이러한 의미에서 하나
님의 존재를 이 우주 안에서 찾으려는 것은 어리석은 시도입니다. 하
나님은 우주 안에 담겨 있지 않기 때문입니다.

하지만 우리는 우주의 어느 곳에서도 하나님을 만날 수 있습니다.
하나님은 우주 안의 시간과 공간에 예속되지 않는 반면에, 모든 시간
과 공간은 언제나 하나님 안에 소속되어 있기 때문입니다.[7] 우리가 하
나님을 만나기를 원한다면, 우리는 하나님을 만나기 위하여 멀리 가
야 할 필요가 없습니다. 지금 내가 서 있는 바로 그 곳이 하나님을 만
나고 대면하기에 가장 좋은 장소입니다.

하나님은 우주의 일부분에 담겨 있지 않습니다. 오히려 그 반대로,
우주 전체가 하나님의 존재 안에 담겨 있습니다. 당신이 지금 앉아 있

---

7) "나의 앞날이 주의 손에 있사오니"(시편 31:15).

는 그곳을 포함하여 모든 세계가 하나님의 손안에 있습니다. 당신이 지금 처한 그 시간을 포함하여 모든 시대(時代)가 하나님의 손안에 있습니다. 우주가 계속 존재하는 까닭이 있다면 그것은 하나님이 우주를 붙들고 있기 때문입니다.

하나님이 각 사람에게서 멀리 떠나 계시지 않다고 성경은 분명히 선언합니다. "우리가 그를 힘입어 살며 기동하며 존재하느니라"(사도행전 17:28). 실제로 하나님은 모든 사람 가까이 현존하고 계십니다. 인간이 살아 있다는 것은 하나님의 생명이 아직 그를 떠나지 않았음을 의미합니다. 당신의 존재는 아직도 하나님의 손안에 있습니다. "나는 알파와 오메가요 처음과 마지막이요 시작과 마침이라"(요한계시록 22:13).

신앙과 불신앙은 실존적 문제이다

지금까지 우리가 살펴본 것은 다음과 같이 정리할 수 있습니다.

하나님을 믿는 것은 결코 비합리적이지 않습니다. 하나님을 믿는 결단은 결코 정직성을 포기하는 지적인 자살(自殺)도 아닙니다. 하나님의 불가시성(不可視性)은 하나님의 부재(不在)라는 결론으로 자동적으로 이어질 수 없습니다. 자연과 역사 속에는 분명히 하나님의 현존을 지시하는 흔적이 있습니다. 특히 인간의 내면에는 유한한 대상에 만족하지 못하는 인간의 그리움, 곧 영원을 사모하는 마음이 있습니다.

우리가 여기서 시도한 것은 하나님의 존재를 증명하려는 것이 아니었습니다. 다만 신앙에 대한 일반적인 선입견들의 문제점을 지적했을 뿐이며, 이러한 문제들 속에서 하나님 신앙을 갖는 것이 결코 비합리적인 것이 아님을 역설하였을 뿐입니다.

물론 자연, 역사, 인간 존재가 제기하는 문제들에 직면하여 기독교 신앙과는 다른 입장을 선택하는 것은 가능합니다. 실제로 적지 않은 사람들은 하나님 신앙을 선택하기보다는 무신론적인 입장을 선택합니다. 나는 여기서 무신론적 입장도 하나의 신앙적 입장임을 지적하고 싶습니다. 무신론자도 어떤 믿음을 갖고 있는데, 그것은 하나님이 없다는 믿음입니다.

하나님이 없다는 주장은 우주의 관찰로부터 확실하게 얻어지는 결론이 아닙니다. 어떤 존재가 없음을 증명하는 것은 그 반대의 경우보다 훨씬 더 어렵습니다. 신앙의 입장과 비교해 볼 때, 무신론적 입장은 더 합리적인 선택이 아니며 이론적으로 더 우월한 입장도 아닙니다. 무신론적 입장은 인생의 법칙성에 비추어 볼 때 훨씬 더 허점이 많은 입장입니다.

이 문제에 대해서 지적인 고민을 겪어 본 사람은 무신론보다는 불가지론(不可知論)의 입장을 선택하기도 합니다. 불가지론자는 하나님이 존재하는지 알 수 없다고 말합니다. 불가지론자에게 있어서 모든 지식은 불확실합니다. 불가지론자에게 확실한 것은 "아무 것도 확실히 알 수 없다(不可知)"는 것뿐입니다. 모든 지식은 불확실하기 때문이라고 불가지론자는 말합니다.

하지만 불가지론에도 문제가 없는 것은 아닙니다. 만일 모든 것이 그렇게 불확실하다면 모든 것이 불확실하다는 그 지식은 어떻게 그토록 확실한지 참으로 궁금합니다. "아무것도 확실히 알 수 없다"고 불가지론을 주창하는 바로 그 지식도 불확실할 것이기 때문입니다. 이렇게 볼 때, 불가지론의 입장은 자신의 입장조차도 제대로 지지하지 못하는 입장입니다.

"무신론, 불가지론, 유신론의 세 가지 입장 가운데 어떤 것이 타당한가?"의 문제는 그저 탁상공론(卓上空論)에 의하여 해결될 수 없습니다. 사람이 어떤 입장을 취하느냐는 그의 인생의 경험(상황, 자리)과 밀접한 관계를 갖고 있습니다.

만일 어떤 사람이 일평생 하나님의 도움을 받지 못하고 살아가고 있다면 그는 무신론적 입장에 동조할 가능성이 높습니다. 만일 어떤 사람이 모든 것의 불확실함만을 경험하고 이리저리 떠밀려 다니는 경험만을 주로 간직하고 있다면 그는 불가지론적 입장을 선택하기가 쉬울 것입니다.

유신론, 무신론, 불가지론의 문제는 단순히 지적인 문제이기보다는 실존적인 문제입니다. 그 이론을 주창하는 사람의 상황을 염두에 두지 않는다면 우리는 이 문제를 올바로 풀 수 없습니다. 이 문제를 해결하기를 원하는 사람은 언제나 삶의 상황을 염두에 두면서 이 문제를 푸는 것이 좋을 것이며, 이 문제를 통해서 친구를 돕기를 원하는 사람은 친구의 실존(實存)을 고려하는 가운데 이 문제를 고려하는 것이 현명한 길입니다.

필자의 경우에는 무신론적인 삶을 사는 것이 너무도 지긋지긋해서 하나님을 영접하기로 결단했습니다. 물론 이것은 믿음의 결단이었습니다. 나는 믿음의 결단을 통하여 이전의 삶을 청산하고 기독교 신앙으로 나아갔습니다.

내가 무신론자로서 어둠 속에서 살 때 나는 빛의 부재(不在)를 논증하면서 살았습니다. 나는 어둠 속에 있었기 때문에 빛을 볼 수 없었고, 나는 빛의 부재를 논증할 수밖에 없었습니다. 나는 빛의 없음을 주장하면서 실은 내 자신의 삶의 상황을 무신론적 기호로 풀어서 말했을 뿐이었습니다. 빛을 등졌기에 어둠이 초래되었고, 어둠 속에 갇혀 있었기에 빛을 볼 수 없었으며, 빛을 못 보았기에 빛이 없다고 생각하였고 또한 그렇게 주장하였을 뿐입니다.

무신론자들은 하나님을 등지고 살아가기에 하나님 없는 세계 속에서 살아갑니다. 무신론자의 세계 속에는 하나님의 현존이 감지되지 못합니다.

하나님을 보지 못하고 만나지 못한 사람들이 하나님의 없음을 주장하는 것은 지극히 당연한 일입니다. 북극을 경험하지 못한 사람이 북극의 없음을 주장할 때, 그의 주장은 오히려 솔직한 주장입니다. 하지만 북극 없음의 주장은 현실에 대한 정확한 묘사이기보다는 자신의 경험에 대한 고백일 뿐입니다. 북극 없음을 주장하는 사람들의 주장에 의하여 북극이 사라지는 것은 아닙니다.

무신론자의 주장에 의하여 하나님이 사라지는 것도 아닙니다. 우리가 인정하건 인정하지 않건 존재하는 것은 존재하는 것이기 때문입니다. 우리는 하나님의 존재를 부인하는 사람에게 하나님의 존재를 합리적으로 증명할 수는 없습니다. 하나님 존재의 수용은 객관적 증거의 문제로만 결판날 수 있는 성질의 문제가 아니기 때문입니다.

하나님 존재의 수용에 관한 문제는 객관적 증거를 넘어서서 감각의 회복을 요청하며, 주관적 결단을 동반합니다.[8] 하나님 믿음의 문제는 인간 자신의 결단이 없다면 해결될 수도 없고, 결론지어질 수도 없는 내용입니다. 어떤 의미에서 무신론자들은 하나님이 없음을 객관적으로 증명한 사람들이기보다는 하나님이 없기를 주관적으로 소망하는 사람들일는지 모릅니다.

지금까지 우리가 시도한 것은 하나님의 존재를 객관적으로 증명한

---

8) "그러므로 이제는 여호와를 경외하며 온전함과 진실함으로 그를 섬기라…너희가 섬길 자를 오늘 택하라 오직 나와 내 집은 여호와를 섬기겠노라"(여호수아 24:14~15).

것이 아닙니다. 단지 우리는 하나님의 존재를 부정하는 것이 반드시 합리적인 주장이 아니며, 반대로 하나님의 존재를 인정하는 것이 반드시 비합리적인 주장이 아니라는 사실을 살펴보았습니다.

인생의 무의미를 논하기 전에

2. 창조주 하나님

하나님은 우리를 창조하신 분입니다

"태초에 하나님이 천지(天地)를 창조하시니라"(창세기 1:1). 이 말씀은 성경의 제일 첫 부분에 나오는 말씀입니다. 성경의 첫 번째 책은 "창세기"인데 창세기 1장 1절의 말씀이 바로 이 말씀입니다.

하나님이 천지(天地)를 창조하셨다? 이것은 무슨 뜻일까요? 천지란 우리가 살고 있는 이 세계의 모든 것을 의미합니다. 우리가 사는 지구도 포함하고, 저 별과 달, 해도 포함하고 우주에 널려 있는 은하수도 포함하고 모든 것을 포함합니다. 히말라야 산맥, 태평양, 대서양 등 모든 것이 천지의 일부분입니다.

혹시 내가 학생이라면 지금 나는 많은 것을 배우고 있을 것입니다. 그런데 지금 우리가 하는 공부는 대개 천지의 일부분을 다루는 것입니다. 천지를 한꺼번에 다 공부할 수 있는 능력을 갖고 있는 사람은 없습니다. 그러므로 우리는 천지의 일부분을 나누어서 학문이라는 이름으로 공부합니다. 공부 또는 학문이라고 하는 것은 우주(천지)의 구성원을 하나씩 탐구해 가는 것을 의미합니다. 어느 것을 공부하건 그것은 천지의 일부분을 연구하는 것입니다.

우리는 천지라는 단어와 함께 우주, 세계, 세상 등의 단어도 사용합니다. 그런데 하나님은 우리에게 이렇게 말씀하십니다. "이 천지(우주, 세계, 세상)의 모든 것들은 다 내가 만든 것이다. 천지의 모든 것들은 다 피조물이다."

우리 주변의 모든 것들은 다 하나님에 의하여 지음을 받은 것입니다. 우리가 보는 것들 가운데 스스로 탄생한 것은 하나도 없습니다. 모든 사람들도 결국은 하나님의 피조물입니다. 우리 모두가 하나님의 피조물입니다.

물론 당신은 당신의 부모님을 통해서 이 세상에 왔을 것입니다. 하지만 우리의 부모님이 우리를 창조한 것이 아닙니다. 하나님께서 우리의 부모님을 통해서 우리를 창조했을 뿐입니다. 부모님은 부모님일 뿐이고 하나님이 우리의 창조주입니다. 그러므로 부모님은 자녀의 삶이 어디로 갈지 알지 못합니다. 부모님은 자녀의 마음속도 들여다 볼 수 없습니다. 오직 하나님만이 우리 모든 사람의 마음을 꿰뚫고 볼 수 있습니다.

나는 하나님이 천지를 창조한 것을 보지는 못했습니다. 하나님의 천지창조에 대해서 상상해 보기에는 나의 생각은 매우 빈곤합니다.[9] 하나님께서 그렇게 말씀하시므로 그렇게 믿고 받아들입니다. 나는 하나님에 대해서 아직도 충분히 알지 못합니다. 단지 내가 아는 것은 하나님이 천지만물의 창조주라는 사실입니다.

나는 세계를 바라볼 때마다 하나님을 생각합니다. '아, 하나님이 천지를 창조한 분이라고 그랬지. 하나님은 이 나무를 만드시고, 저 산맥을 지으신 분이구나. 하나님은 공기를 지으시고 생명을 창조하신

---

9) 내가 조금 나의 주제를 넘어가는 생각을 할 때면 하나님은 종종 나에게 질문을 던집니다.
"내가 땅의 기초를 놓을 때에 네가 어디 있었느냐? 네가 깨달아 알았거든 말할지니라"(욥기 38:4).
"네가 제일 먼저 난 사람이냐? 산들이 있기 전에 네가 출생하였느냐?"(욥기 15:7).

분이구나.' 특별히 나는 하나님이 빛의 창조자라는 사실로부터 하나님에 대해 많은 것을 배웁니다.

서울여대에는 숲과 나무들이 있습니다. 나는 종종 산책을 하는 가운데 많은 기쁨을 누립니다. 산책할 때마다 교정은 새로운 모습으로 내게 다가옵니다. 이른 아침의 교정의 모습과 해가 중천에 있을 때 교정의 모습, 석양 무렵의 교정의 모습은 전혀 다릅니다. 이 모든 것은 빛이 만들어 내는 오묘한 조화입니다.

어느 날 아침 햇살이 빚어내는 교정의 아름다움에 말문을 잃은 필자는 이런 생각을 하게 되었습니다. '야, 빛이란 참으로 아름답고 신비하구나. 세상의 만물은 빛으로 인하여 그 모습과 형태를 달리하는구나.' 순간 나의 머릿속에는 하나님에 대한 새로운 이해가 싹트기 시작했습니다. '하나님, 나는 이 빛도 잘 모르겠는데, 당신은 누구시기에 이 빛을 창조한 분입니까?' 10)

나는 오늘도 피조물들을 알아 가면서 창조주 하나님을 더 깊이 알고 싶습니다. 빛과 같이 정교한 것들을 창조하신 하나님께서 나의 창조주라는 사실에 대해서 감사하고 싶습니다. 앞으로 나의 인생을 새롭게 빚어 가실 하나님께 더 협조하고 싶습니다. 믿음이란 하나님을 창조주로 받아들이는 가운데 하나님과 동행, 동거, 동역하는 것이기 때문입니다.

신앙을 갖는다는 것은 먼저 하나님이 만물의 창조주임을 깨닫는 것을 의미합니다. 당신이나 내가 이 세상에 온 것은 창조주 하나님의 손

---

10) "하나님이 이르시되 빛이 있으라 하시니 빛이 있었고 빛이 하나님이 보시기에 좋았더라"(창세기 1:3-4). 창세기의 증언에 따르면 빛은 하나님이 제일 먼저 창조한 피조물입니다.

길 때문입니다. 우리가 이 세상에 오기 이전에 이미 많은 것들이 만들어져 있었습니다. 신앙은 우리 주변의 많은 것들이 피조물에 불과하다는 것을 인정하는 것입니다. 우리가 기억해야 할 진리가 있습니다. 그것은 우리 주변의 모든 것들은 피조물들일 뿐 하나님이 아니며, 이모든 것을 창조하신 분이 계신다는 사실입니다.

하나님은 우리의 존재를
보존하시는 분입니다

하나님은 천지만물을 지으신 분입니다. 나는 천지만물 가운데 일부분입니다. 하나님은 나를 지으셨고 내 주변의 많은 사람들도 지으셨습니다. 지금 내 마음에 안 드는 그 사람도 실은 하나님의 피조물입니다. 하나님 몰래 이 세상에 스스로 태어난 사람은 단 한 사람도 없습니다.

하나님은 모든 것을 '창조' 하신 분일뿐만 아니라 모든 것을 다 '보존' 하시는 분입니다.[11] 만일 하나님이 지켜 주시지 않는다면 모든 세계는 일순간에 없음(無)과 어둠(暗)으로 떨어져 버릴 것입니다. 사람들이 이렇게 많이 죄를 범함에도 불구하고 세상이 유지되는 것은 기적 중에 기적입니다. 만일 하나님이 보존해 주시지 않는다면 이 세계는 이미 사라지고 말았을 것입니다.

물론 이렇게 말하는지도 모릅니다. "세상은 그냥 그대로 존재하는 것이지 어디 하나님이 우리를 지켜 줍니까? 하나님이 어떻게 우리를 보존해 줍니까?" 이 질문은 좋은 질문입니다. 나는 하나님이 어떻게

---

11) "오직 주는 여호와시라…모든 것을 지으시고 다 보존하시오니…"(느헤미야 9:6).

우리를 보존해 주는지를 설명하고 싶습니다.

모든 존재들은 하나님으로 인하여 계속적으로 존재하고 있습니다. 혹시 밤하늘의 달을 본 적이 있습니까? 우리 눈에 달은 스스로 빛을 내는 것처럼 보입니다. 하지만 달은 스스로 빛을 내지 못합니다. 달은 태양으로부터 오는 빛을 전달할 뿐입니다. 태양으로부터 전달된 빛은 우리로 하여금 달이 그곳에 스스로 존재한다고 생각하게 만듭니다. 우리의 눈은 이것을 매일 밤마다 확인합니다.

하지만 우리 눈에 달이 존재하는 것처럼 보이는 것은 일종의 착시 현상입니다. 달이 거기에 스스로 빛을 내며 존재한다는 생각은 사물의 표면만 볼 뿐 그 뒤에서 어떤 일이 일어나는지를 보지 못하기에 드는 생각입니다.

예전에 학교에서 배운 것을 기억하면서 한번 생각해 보십시오. 달은 자기 자리에서 빛을 발하고 있는 존재가 아닙니다. 단지 달은 자기가 받은 빛을 한 줄기 한 줄기 전달만 하고 있을 뿐입니다. 달이 태양으로부터 오는 한 줄기 한 줄기의 빛을 우리 눈에 전달하고 있기 때문에 달은 우리 눈에 계속 존재하는 물체로 여겨질 뿐입니다.

이러한 착시 현상은 만화영화의 경우에도 나타납니다. 우리가 아는바대로 만화영화는 실제로 움직이는 장면이 아닙니다. 다만 정지된 화면을 많이 만들어 놓고, 그것을 1초에 몇 토막 장면(frame) 이상(以上)으로 연속적으로 비춰 줍니다. 그러면 정지 화면들은 마치 움직이는 장면으로 우리 눈에 전달됩니다.

우리 눈에 달이 발광체(發光體)로 비춰지는 것도 이와 마찬가지입니다. 달은 스스로 빛을 내는 존재가 아닙니다. 단지 빛을 전달하는 존재일 뿐입니다. 만약에 우리의 눈이 매우 정교하다면 우리는 달로부터 전달된 빛을 하나하나 볼 수 있을 것입니다.

　나는 종종 이러한 상상을 해 봅니다. 만일 사람들의 눈이 카메라 (Camera)의 눈과 같다면 사람들은 연속적인 장면은 보지 못하고 정지된 장면들만 계속 볼 것입니다. 만일 사람들의 눈이 비디오 카메라 (Camcorder)의 눈과 같다면 사람들은 움직이는 장면도 보고 천연색 화면도 볼 것입니다. 하지만 비디오 카메라의 눈을 가진 사람은 그저 평면만 볼 뿐 입체적인 모습은 보지 못하고 특히 사물 뒤에 숨은 참 모습을 보지는 못할 것입니다.

　우리의 눈은 대개 비디오 카메라의 눈을 닮은 것 같습니다. 우리의 눈은 그렇게 정교하지 못합니다. 우리는 대개 겉모습은 보지만 상대방의 마음까지는 꿰뚫지 못합니다. 아마 하나님의 눈은 우리의 표면뿐만 아니라 심층까지도 꿰뚫는 어떤 눈일 것이라고 상상해 봅니다.

　때로 하나님이 하나님의 영(靈)을 내 눈 속에 넣어 주시면 우리는 다른 형제, 자매의 기쁨과 슬픔도 볼 수 있습니다. 때때로 나의 눈이 사랑의 눈이 되면 나의 눈은 평소에 보지 못하는 것을 포착하기도 합니다.

　천지만물의 존재는 빛을 전달하는 달의 존재와 비슷합니다. 우리 모든 인간은 하나님의 생명을 전달하는 존재일 뿐입니다. 나의 삶이 유지되는 것은 하나님이 순간순간 나의 존재를 보존하고 있기 때문입니다. 내가 연속적으로 존재하는 것이 아니라 하나님으로부터 오는 한 줄기 한 줄기의 생명이 순간순간 나를 유지해 주기에 나는 존재하고 있는 것입니다. 생명을 만들어 내는 분은 오직 한 분이며, 생명을 유지하는 분도 오직 한 분이기 때문입니다.

　만일 하나님이 나의 다음 순간의 숨(호흡)을 지켜 주지 않는다면 나의 다음 삶은 지속될 수 없습니다. 나의 존재는 하나님에 의하여 매순간 유지되기 때문입니다. 마치 태양으로부터 오는 한 줄기 한줄기의 빛이 달의 존재를 유지하듯이, 하나님으로부터 오는 한 줄기 한 줄기의 생명이 나를 보존하고 있을 뿐입니다.

하나님의 창조 현상은 태초(太初)에만 국한되지 않습니다. 당신이 이 글을 읽고 있는 지금 이 시간에도 하나님은 당신의 창조주입니다. 하나님과 천지만물 사이의 관계는 어제나 오늘이나 영원토록 창조주와 피조물의 관계입니다. 그 어떤 피조물도 스스로 자신의 존재를 유지할 수 없습니다. 이는 당신과 나의 삶을 포함하는 것입니다.

믿음을 갖는다는 것은 이 사실을 진리대로 인정하며 겸손하게 받아들이는 것입니다. 믿음의 반대는 허풍(虛風)입니다. 마치 자기 스스로 존재하게 된 것같이 생각하고, 자기 스스로 자신의 존재를 유지한다고 생각하는 것은 불신앙의 자세이며 불신앙의 자세는 허풍의 자세입니다. 마치 자기가 세계의 창조자이며 하나님인 듯이 생각하고 행동하기 때문입니다. 이것은 창조론적 세계 이해에 어긋나는 생각이며 믿음은 창조론적 생명(인생) 이해를 받아들이는 것입니다.

믿음을 갖게 되면 창조론적 생명(인생) 이해뿐만 아니라 종말론적 생명 이해를 받아들이게 됩니다. 지금도 나의 삶을 보존하는 분은 하나님입니다. 만일 하나님이 나에게 "이제 그만 흙으로 돌아가거라"라고 말씀하신다면 나는 흙으로 돌아가야 합니다.[12]

내가 내 인생의 보존자라면 나는 내년에도 확실하게 살아 있을 것

---

12) "주께서 사람을 티끌로 돌아가게 하시고 말씀하시기를 '너희 인생들은 돌아가라' 하셨사오니…그들은 잠깐 자는 것 같으며 아침에 돋는 풀 같으니이다 풀은 아침에 꽃이 피어 자라다가 저녁에는 시들어 마르나이다"(시편 90:3-6).

이며 10년 뒤에도 확실히 살아 있을 것입니다. 하지만 내가 내 인생의 보존자가 아니기에 나는 언제 이 세상을 떠날지 알지 못합니다. 하나님은 내 인생의 마지막을 내게 알려 주시지 않으셨기 때문입니다.

인간은 피조물입니다. 내가 갖고 있는 많은 것들은 나와 함께 사라집니다. 지금 내가 존재한다고 내가 앞으로 계속해서 존재하리라고 확신할 수 없습니다. 나의 존재는 하나님에 의하여 시시각각 유지되고 있기 때문입니다. 하나님의 호흡이 끊어지는 그 순간 나는 흙으로 돌아갈 수밖에 없습니다. 믿음이란 이 냉엄한 사실을 받아들이고 만물의 보존자이며 주관자되시는 하나님의 뜻을 겸손하게 구하고 따르는 것입니다.

성경 말씀은 우리에게 피조물을 믿거나 의지하지 않도록 권하고 있습니다.[13] 모든 피조물은 스스로 존재하지 못하고 언제나 하나님의 다스림 아래 있기 때문입니다. 믿음이란 정함이 없는 피조물을 의지하지 않고 보존자 하나님을 의지하는 것입니다.

피조물을 의지하는 것은 마치 바닷가의 모래를 의지하고 그 위에 집을 짓는 것과 같습니다. 바닷가의 모래는 갖고 놀기에는 좋은 것이지만 집의 기초로 삼기에는 부적절합니다. 우리 주변의 많은 것들은 인생에서 모두 다 유용한 것들입니다. 우리는 그것들을 잘 사용함으로써 우리의 삶을 더욱 풍요롭게 할 수 있습니다. 하지만 우리가 피조물에 현혹되어 피조물을 하나님처럼 의지하는 것은 위험한 일입니다. 전능하신 하나님의 물결이 곧 밀려올 것이며, 그 물결은 모래 위의 집

---

13) "…도울 힘이 없는 인생도 의지하지 말지니 그의 호흡이 끊어지면 흙으로 돌아가서 그 날에 그의 생각이 소멸하리로다"(시편 146:3-4).

을 폐허로 만들 것입니다.

성경은 여러 곳에서 이 사실을 계속해서 강조합니다. 하나님은 예전에는 이사야 선지자를 통해서 말씀하셨고, 오늘도 우리에게 계속적으로 말씀하십니다.

"인간들아, 너희는 피조물이다. 인간들아, 스스로 속지 말라. 너희는 네 인생의 창조자가 아니다. 너희는 들풀과 같은 존재이다. 너희가 영원히 살 것으로 착각하고 있으나 너희는 곧 사라질 존재들이다. 이 한 가지 냉엄한 사실을 잊지 말라. 너희 인생들은 아침에 돋는 풀과 같도다. 풀은 아침에 꽃이 피어 자라다가 저녁에는 벤 바 되어 마르는 도다."[14]

이것이 당신과 나를 향하신 창조자 하나님의 말씀이며, 우리를 향하신 보존자 하나님의 말씀입니다.

---

14) "말하는 자의 소리여 이르되 외치라 대답하되 내가 무엇이라 외치리이까 하니 이르되 '모든 육체는 풀이요 그의 모든 아름다움은 들의 꽃과 같으니 풀은 마르고 꽃이 시듦은 여호와의 기운이 그 위에 붊이라 이 백성은 실로 풀이로다 풀은 마르고 꽃은 시드나 우리 하나님의 말씀은 영원히 서리라' 하라"(이사야 40:6-8).

하나님은 당신에게
말씀하시는 분입니다

하나님은 천지를 창조하셨고 지금도 천지만물을 보존하시는 분입니다. 하나님은 말씀을 통하여 천지를 창조하셨습니다. 하나님은 오늘도 말씀을 통하여 천지만물을 보존하고 말씀을 통하여 일하고 계십니다. 필자가 하나님이 말씀으로 천지를 창조하셨다고 말한다면 어떤 사람은 다음과 같은 반응을 보일지도 모릅니다. "하나님이 말씀으로 천지를 창조하였다고요? 그것 참 듣기에 이상한 말씀이군요." 누가 이러한 반응을 보인다면 나는 그 사람의 심정을 이해합니다. 예전에 바로 제가 그랬기 때문입니다. 하나님이 천지를 만들었다는 말도 이상하게 들릴 텐데 말씀으로 천지를 만들었다니 그것은 정말 이상하게 들릴 것입니다.

예전에는 '말씀을 통한 천지창조(天地創造)'의 의미를 잘 알지 못했습니다. 그것을 이해하고 믿는 데 오랜 시간이 걸렸습니다. 하지만 이제는 하나님께서 말씀으로 천지만물을 만드신 것과 오늘도 하나님께서 그 능력의 말씀으로 만물을 붙드시는 것을 믿게 되었습니다.[15] 나는

---

15) "…그의 능력의 말씀으로 만물을 붙드시며…"(히브리서 1:3).

말씀을 통한 천지창조가 무엇을 의미하는지 설명하고 싶습니다. 문제가 되는 내용은 다음과 같습니다.

> "태초에 말씀이 계시니라…만물이 그로 말미암아 지은 바 되었으니 지은 것이 하나도 그가 없이는 된 것이 없느니라"(요한복음 1:1-3).

위의 성경 구절에서 우리가 주목해서 보아야 하는 것은 '말씀과 천지(만물, 세계)의 관계'입니다. 나는 앞서서 "태초에 하나님이 천지(天地)를 창조하셨다"는 성경 구절을 소개했습니다. 이제 나는 "태초에 말씀이 계셨고, 이 말씀으로 인하여 천지가 창조되었다"는 구절을 소개하고 있습니다. 위의 성경 구절에 따르면 천지보다 먼저 있었던 것이 말씀입니다. 즉 말씀은 천지 가운데 하나의 구성 요소가 아니라는 것입니다. 오히려 말씀이 천지를 창조했다는 것입니다.

여기서 말씀은 인간이 서로에게 의사(意思)를 소통할 때 사용하는 인간의 말과는 다른 것입니다. 인간의 말은 음성 또는 기호로 우리의 생각이나 감정을 표현하는 것입니다. 인간의 말은 인간이 만들어 사용하는 것이지 인간을 만든 것은 아닙니다. 성경에서 말씀이란 하나님의 말씀(Logos)을 의미합니다. 하나님의 말씀은 하나님의 생각과 마음을 담아 두고 전달하는 매개체입니다. 인간의 말이 인간의 생각이나 느낌을 전달하듯이, 하나님의 말씀은 하나님의 계획이나 마음을 전달합니다.

하나님이 말씀으로 천지를 창조하셨다는 것은 무엇을 의미합니까? (물론 나는 여기서 대단히 위험한 일을 하고 있습니다. 하나님의 천지창조는 유일회적 사건이므로 그 뒤의 어느 사건과도 동일하지 않습니다. 하지만 이러한 비유를 통해서 그 사건을 이해하려고 합니다.) 이 세상에서 사람이 만드는 것은 언제나 두 번 창조됩니다. 인간이 어떤 건물을 만들 때, 그 건물은 먼저 제작자의 마음속에서 창조됩니다. 제작자는 머릿속에서 자신이 만들어 낼 물체를 그려봅니다. 그 건물의 전체적인 구조를 생각합니다. 다음에 그 건물이 시간과 공간 안에서 구체적으로 그 모습을 드러낼 때, 그것은 두 번째 창조되는 것입니다.[16] 우리 눈에 보인 구체적인 건물은 나타난 것으로 말미암아 된 것이 아니라 나타나지 아니한 것으로 된 것입니다.[17]

하나님의 천지창조에도 비슷한 과정이 적용됩니다. 하나님의 천지창조는 하나님의 마음속에서 일어나는 동시에 말씀을 통하여 구체화됩니다. 세계는 하나님의 마음속에서 창조되는 동시에 말씀을 통해서 구체적으로 드러납니다. 하나님의 말씀은 하나님의 계획을 실현하는 가운데 존재하지 않던 우주를 만들어 냅니다.

우리는 한 가지를 주의하면서 이해해야 합니다. 사람은 유한한 존재이므로 그의 생각이 언어로 나타나고, 언어가 행동으로 나타나는 데 시간(時間)이 필요합니다. 인간의 생각, 언어, 행동으로 이어지는 과정이 전개되는 데는 언제나 시간 차이가 있습니다. 하지만 하나님의 경우에 하나님의 계획은 곧 하나님의 말씀이며, 하나님의 말씀은 곧 하나님의 행위입니다. 하나님은 유한한 존재가 아니므로 하나님의 말씀과 하나님의 계획, 하나님의 역사(役事)는 모두가 동시에 일어나는 것

16) "'목표를 염두에 두고 시작하라'는 것은 모든 것은 두 번 창조된다는 원리에 기초한 것입니다. 모든 것에는 먼저 첫 번째 창조인 정신적 창조가 있고, 다음에 두 번째 창조인 물리적 창조가 있습니다." 코비(Covey)에 따르면, 이것은 성공하는 사람의 일곱 가지 습관 가운데 두 번째 습관과도 밀접한 관계를 갖는 원리입니다. S. Covey, *The 7 Habits of Highly Effective People: Restoring Character Ethics*, p.99.
17) "믿음으로 모든 세계가 하나님의 말씀으로 지어진 줄을 우리가 아나니 보이는 것은 나타난 것으로 말미암아 된 것이 아니니라"(히브리서 11:3).

입니다.

하나님의 말씀은 하나님의 존재와 하나님의 행위를 매개하는 것입니다. 말씀을 통해서 하나님의 전능한 능력이 드러나며, 말씀을 통하여 하나님의 전능한 능력은 우주만물을 창조합니다. 하나님의 말씀 속에 하나님의 존재가 담겨 있고, 말씀 속에 하나님의 마음이 표현되며, 말씀 속에 하나님의 계획이 실현되기 때문입니다. 그러므로 하나님께서 말씀을 통해서 천지를 창조하셨다는 것은 이상한 이야기가 아닙니다.

성경은 언제나 천지나 세상보다 말씀을 중요하게 간주합니다. 천지는 사라질 것인 반면에 하나님의 말씀은 영원하기 때문입니다.[18] 앞으로 천지는 없어질 때가 있을 것입니다. 천지는 없다가 후에 생긴 것이기 때문입니다. 천지 가운데 일부분에 불과한 나의 존재도 사라질 때가 있을 것입니다. 나는 존재하지 않다가 지금 몇십 년 동안 잠깐 존재하고 있기 때문입니다. 하지만 하나님의 말씀은 영원합니다. 하나님의 말씀은 존재하지 아니한 때가 없었기 때문이며, 말씀은 사라질 때가 없을 것이기 때문입니다.

하나님은 창조의 행위를 통하여 피조물 가운데 자신의 영원한 말씀을 심어 두셨습니다. 천지만물은 하나님의 말씀을 드러내고 있습니다. 이 말씀은 언제나 하나님과 함께 계셔서 하나님의 뜻을 전달합니다. 하나님의 말씀은 창조의 순간에 없던 우주를 만들어 내었고, 오늘도 말씀(Logos)은 천지만물 속에서 운행 원리(原理)로 존재하는 가운데 만물을 붙들어 주고 있습니다. 온 우주는 하나님의 말씀을 노래하고 있

---

18) "천지는 없어질지언정 내 말은 없어지지 아니하리라"(마태복음 24:35).

습니다.

하늘이 하나님의 영광을 선포하고 궁창이 그의 손으로 하신 일을 나타내는도다 날은 날에게 말하고 밤은 밤에게 지식을 전하니 언어도 없고 말씀도 없으며 들리는 소리도 없으나 그의 소리가 온 땅에 통하고 그의 말씀이 세상 끝까지 이르도다(시편 19:1-4).

위의 내용 가운데 3절에 보면 "언어(言語)도 없고 들리는 소리도 없다"고 말합니다. 하지만 이것은 인간의 언어와 소리일 뿐입니다. 4절에 보면 "그 소리가 온 땅에 통하고 그 말씀이 세상 끝까지 이른다"고 합니다. 여기서 '소리'와 '말씀'은 하나님의 말씀입니다. 태초 이후로 모든 피조물은 하나님의 말씀이 메아리치는 사역 가운데 동참하고 있습니다.

인간만이 대우주의 합창 속에서 소외되어 있습니다. 이 합창은 하늘도 참여하는 합창이며 궁창도 참여하는 합창입니다. 날과 날이 서로 대화하며, 밤과 밤이 서로 지식을 전합니다. 그러나 인간은 인간 언어에 얽매여 있고 귀가 먹고 눈이 멀어서 대자연의 합창을 듣지도 못하고 보지도 못합니다.

사람은 여러 면에서 인간 중심적인 세계관을 갖고 있습니다. 인간 중심적 세계관은 곧 인간 중심적 언어관으로 연결됩니다. 대개 사람은 오직 인간만이 말을 할 수 있다고 생각합니다. 나는 이 사실이 틀린 사실이라고 생각하기에 집의 아이들과 대화하면서 이 사실을 주지시키곤 합니다.

아빠: "세상의 많은 것들은 다 자신의 말을 갖고 있단다. 그
들과 대화하기 위해서는 그들의 말을 배워야 해. 새는
새의 말을 갖고 있단다. 나무는 나무의 말이 있어. 자기
가 이해하지 못한다고 상대방은 말이 없다고 생각하는
것은 잘못이야. 그것은 자기중심적 생각이지."

딸: "아빠, 그 말을 어떻게 알아요?"

아빠: "함께 지내면서 사귀면 그 말을 배울 수 있어. 그들의
말을 들을 수 있으려면 함께 시간을 보내고, 먼저 그들
과 친해져야 해. 너, 미국에 있을 때 유치원에서 미국
친구의 말을 조금 배웠지? 어떻게 배웠니?"

딸: "같이 놀면 알아요."

아빠: "맞아. 새의 말을 알아들으려면 새와 함께 놀면서 사귀
어야 해. 우리는 다른 존재와 대화하기 위해서 먼저 그
들의 말을 배워야 한단다. 저기 나무가 보이지? 나무의
말이 들리지 않니?"

딸: "아무 말도 안 들려요."

아빠: "안 들린다고? 좀 더 가까이 다가가서 한번 들어봐….
이제 들리니?"

딸: "네, 들려요."

아빠: "뭐라고 말하니?"

딸: "반갑대요. 나무가 손을 흔들면서 나한테 반갑대요."

인간만이 말하는 존재라는 생각은 터무니없는 생각입니다. 인간이
듣는 소리는 제한되어 있습니다. 인간은 너무 작은 소리도 듣지 못하

며, 너무 큰 소리도 듣지 못합니다. 인간의 입을 지으신 하나님은 말씀하시는 분입니다. 말씀으로 천지를 지으신 분이며 오늘도 말씀 속에서 우리를 찾아오시는 분입니다. 사람의 입을 지으시고, 새의 입을 지으신 하나님께서 어떻게 말씀하지 않으시겠습니까?

하나님의 소리는 온 땅에 통하고 있으며, 하나님의 말씀은 세계 끝까지 이르고 있습니다.

이제 인간이 하나님의 영광을 찬양하는 우주의 합창에 참여하는 것은 말씀을 통하여 이루어지는 사건입니다. 인간은 말씀을 의지하면서 살도록 지음을 받았습니다. 말씀을 따라 살 때 인간의 삶이 올바로 운행되도록 하나님이 설계하신 것입니다. 인간은 본래 말씀을 먹고살도록 지음을 받았습니다. 말씀은 인간 영혼의 양식입니다.[19]

만일 사람이 식물이나 동물적인 삶을 살려면 식물이나 동물로 구성된 음식만 먹으면 됩니다. 하지만 사람이 사람답게 살고 영적인 존재로서 살아가려면 사람은 영의 양식인 하나님의 말씀을 먹어야 합니다. 하나님의 양식을 먹지 않는 사람은 하나님의 양분을 공급받을 수 없으며 하나님의 생명을 누릴 수 없습니다.

예전에 우리 집의 셋째 아이가 아주 어렸을 때의 일입니다. 첫째 아이와 둘째 아이는 셋째 아이를 매우 귀여워하였습니다. 서로 안아 주려고 하다가 아이를 떨어뜨리기도 하면서, 두 아이는 동생을 매우 사랑하였습니다. 어느 날 아침에 첫째 아이가 셋째 아이를 안고 있는 것

---

19) "예수께서 대답하여 이르시되 기록되었으되 '사람이 떡으로만 살 것이 아니요 하나님의 입으로부터 나오는 모든 말씀으로 살 것이라' 하였느니라"(마태복음 4:4).
"…내가 주의 말씀을 얻어 먹었사오니 주의 말씀은 내게 기쁨과 내 마음의 즐거움이오나"(예레미야 15:16).

을 보고, 나는 첫째 아이에게 물었습니다.

> 아빠: "아기가 아주 귀엽지?"
> 딸: "네. 귀여워요. 인형 같아요."
> 아빠: "살아 있는 큰 인형 같지?"
> 딸: "아빠, 인형보다 더 귀여워요. 왜냐하면 건전지도 안 넣
>   었는데 아침에 자기가 알아서 일어나요."

나는 첫째 아이의 이야기를 듣고 크게 웃으면서 생각해 보았습니다. '사람도 건전지를 필요로 하지 않을까? 사람도 능력 있는 삶을 살기 위해서는 말씀의 양식을 늘 섭취해야 하지 않을까?'

이제 전도(顚倒)된 인간의 삶을 바로잡을 때 하나님은 또한 말씀을 사용하십니다. 말씀 이외의 것들은 인간의 삶을 바로잡기에 무능하기 때문이며, 말씀 안에 새 창조의 능력이 있기 때문입니다. 사람이 하나님과의 올바른 관계로 돌아오는 지름길은 홀로 곰곰이 생각함에 있지 않습니다. 그것은 하나님의 말씀을 받음에 있습니다.

하나님은 말씀을 통하여 만물을 새롭게 하십니다. 하나님이 이미 말씀을 통하여 만물을 창조하셨다면 이제 말씀을 사용하셔서 만물을 새롭게 하시는 것은 지극히 자연스러운 일입니다. 하나님의 변혁의 역사(役事)를 체험한 사람들은 예외 없이 하나님의 말씀을 영접한 사람입니다. 하나님의 말씀의 역사가 그의 존재를 관통하고 진동시킴으로써 변화가 촉발된 것입니다.

우리의 삶이 새롭게 되려면 먼저 우리의 존재에 하나님의 말씀이

전달되어야 합니다. 먼저 하나님의 말씀이 전달된 이후에 새로운 삶이 창조되기 때문입니다. 천지를 창조한 말씀은 이제 새로운 삶을 창조합니다. 하나님의 말씀은 오늘도 창조의 사건을 일으킵니다.

하나님의 말씀에는 능력이 있습니다. 하나님의 말씀은 하나님의 능력을 담고 있고, 그 능력을 전달합니다. 믿음이란 마리아의 자세를 갖는 것입니다. 천사가 마리아에게 나타나서 예수의 탄생에 대해서 예언하였을 때 마리아는 그것을 이해할 수 없었습니다. "나는 남자를 알지 못하니 어찌 이 일이 있으리이까?"(누가복음 1:34). 하지만 천사의 말을 듣고 마리아는 이해하지 못하면서도 말씀에 무릎을 꿇었습니다. "주의 여종이오니 말씀대로 내게 이루어지이다." 이것이 믿음의 자세입니다.

믿음의 사람은 말씀의 사람입니다. 믿음의 사람은 하나님의 말씀을 따라가며 말씀에 응답하는 사람입니다. 믿음이란 하나님의 말씀의 능력을 체험하는 삶을 사는 것입니다. 하나님의 말씀을 듣는 사람은 누구든지 하나님의 능력을 체험하게 됩니다. 하나님의 말씀은 살아있는 말씀이며 운동력이 있는 말씀이기 때문입니다. 하나님의 말씀은 인간의 존재를 진동(振動)시키며 하나님의 생명의 운동으로 끌어들입니다. 하나님의 말씀은 하나님의 마음으로부터 나온 것이기에 하나님의 계획을 드러내며 하나님의 뜻을 성취합니다.

예전에 우리 집 아이와 나눈 대화가 있습니다. 아이는 잠자리에 들기 전에 심각하게 질문하였습니다.

아이: "아빠, 아빠는 하나님을 더 사랑해요? 혜수를 더 사랑해요?"

아빠: "아빠는 하나님을 사랑하는데, 하나님은 나에게 혜수를 사랑하라고 말씀하신단다."

아이: "하나님이 아빠한테 마음에다 말해요, 아니면 진짜로 말해요?"

아빠: "하나님이 아빠한테 진짜로 마음에다가 말한단다."

아이: "하나님이 어떻게 말해요? '경철아, 네 아내와 딸들을 사랑하거라!' 이렇게 말해요?"

아빠: "아니, 하나님은 그것보다 훨씬 더 멋있게 말씀하신단다."

아이: "그러면 (굵은 목소리로 어른의 흉내를 내며) '경철아, 네 아내와 네 딸을 사랑하거라!' 이렇게 말해요?"

아빠: "아니야. 하나님은 그것보다도 훨씬 더 멋있게 말씀하셔. 내가 도저히 너에게 흉내 낼 수 없을 정도로 멋있게 말씀하신단다. 하나님은 아빠의 귀에만 말씀하시는 것이 아니야. 아빠의 마음에도 말씀하시고 귀에도 말씀하시고 아빠의 생각에도 말씀하셔. 하나님은 아빠의 손과 발에도 말씀하시고 아빠의 모든 부분이 다 흔들리도록 말씀하셔. 혜수도 곧 하나님의 말씀을 들을 수 있을 거야."

이러한 대화를 나누는 가운데 아이는 살며시 잠이 들었습니다. 나는 아이가 내 말을 다 이해했는지 알 수 없었지만, 하나님은 우리의 마음을 진동(振動)하는 가운데 말씀하신다는 것을 알려 주고 싶었습니다. 사람이 보통 내게 말을 걸 때, 그 사람은 나의 고막을 진동시킵니다.

하지만 하나님은 그렇게 말씀하지 않으십니다. 그것은 하나님의 말씀에 걸맞지 않기 때문입니다. 하나님은 고막의 진동보다 훨씬 더 크게 말씀하십니다.

하나님은 고막이 아니라 우리의 존재를 진동하면서 말씀하십니다. 만일 누군가가 우리에게 말을 건넬 때, 고막의 진동을 경험하지 못하는 사람은 소리를 들을 수 없습니다. 마찬가지로 하나님이 말씀하실 때, 자기 존재의 진동을 경험하지 못하는 사람은 하나님의 말씀을 들을 수 없습니다. 하나님은 벙어리 하나님이 아닙니다. 하나님은 말씀하시는 하나님입니다. 입을 만드신 분이 말씀하지 않으시겠습니까?

믿음의 삶이란 말씀에 의지하는 가운데 보잘것없는 나의 경험과 생각을 넘어서는 생활입니다. 믿음이란 천지만물을 지으신 하나님의 말씀에 의지하는 생활입니다. 내 존재의 창조 원리인 말씀은 내 존재의 변혁 원리도 됩니다. 내가 말씀을 따라갈 때 말씀의 바깥에서는 그토록 바뀌지 않았던 나의 삶에 변화가 쉽게 일어납니다. 하나님의 말씀은 하나님의 매개체로서 하나님의 능력을 담고 있으며 그 능력을 전달하기 때문입니다.

하나님은 오늘도 말씀을 통하여 새 창조의 일을 진행합니다. 믿음을 갖는다는 것은 하나님의 말씀을 통하여 하나님의 새 창조의 역사 속에 빨려 들어가는 것을 뜻합니다.

인생의
무의미를
논하기 전에

3. 인간의 실상

_나는 누구인가

인간의 실상
_나는 누구인가?

기독교 신앙이란 예수 그리스도(기독교에서 '기독'은 그리스도를 한문으로 표기한 것)를 믿고 의지하는 신앙입니다. 기독교란 곧 그리스도교이며, 기독교 신앙이란 문자 그대로 예수 그리스도를 바라보고 의지하는 신앙이라는 뜻입니다.

기독교 신앙은 예수 그리스도의 복음을 믿고 받아들이는 것입니다. 복음이란 예수 그리스도가 나를 위하여 죽었고 부활했다는 내용으로 죄인인 내가 예수 그리스도의 십자가와 부활을 통하여 건짐을 받는 것입니다. 우리가 예수 그리스도를 믿고 의지하면 죄의 용서함을 받을 수 있으며, 우리의 인생에 새로운 길이 열린다는 것입니다. 이것이 기독교 신앙의 핵심이며, 기독교(基督敎) 신앙이 기독교 신앙으로 불리는 이유입니다.

기독교 신앙은 인간이 예수를 믿으면 구원을 받는다고 말합니다. 예수를 믿으면 멸망치 않고 영원한 생명을 얻는다고 선언합니다.

"주 예수를 믿으라 그리하면 너와 네 집이 구원을 받으리라"(사도행전 16:31).

"영접하는 자 곧 그 이름(예수 그리스도의 이름)을 믿는 자들에게는 하나님의 자녀가 되는 권세를 주셨으니"(요한복음 1:12).

이 말을 듣는 사람들은 고개를 갸우뚱거릴 수 있습니다.

"왜 굳이 예수를 믿어야 하는가? 세상에는 예수 외에도 훌륭한 성인(聖人)들이 많이 있지 않았는가? 반드시 예수만 믿으라고 말하는 것은 독선(獨善)과 아집(我執)이 아닌가?"

이는 좋은 질문입니다. 많은 사람들이 이 질문 때문에 기독교 신앙을 제대로 받아들이지 못하고, 이 질문을 진지하게 검토하지 않기 때문에 기독교 신앙을 온전히 누리지 못합니다. 우리는 이 질문에 대답하기에 앞서 먼저 인간이 누구인가를 살펴볼 필요가 있습니다.

모든 사람은 죄인입니다

　죄에 대한 논의는 별로 유쾌하지 않습니다. 하지만 질병의 치유를 논하기에 앞서서 질병의 진단이 필요하듯이, 죄의 해결을 논하기에 앞서서 우리는 죄를 진단해야 합니다. 성경에 따르면 인간은 죄를 지은 존재입니다.[20] 성경은 우리에게 모든 인간이 죄를 범하였다고 분명히 선언합니다. "의인은 없나니 하나도 없으며"(로마서 3:10). 우리 가운데 다음과 같이 말할 수 있는 사람은 한 사람도 없습니다.

　　"나는 완벽하다. 나는 한 번도 죄를 지은 적이 없다. 나는 언제나 바른 생각만 했으며, 나는 한 번도 틀린 적이 없다. 나는 다른 사람을 비난한 적도 없고, 다른 사람을 미워한 적도 없다. 내가 의로운 사람이라는 것은 모든 사람이 다 알고 있다."

　나는 예전에도 내가 죄인인 줄은 알고 있었습니다. 하지만 예전에는 죄를 도덕적인 차원에서 이해했습니다. 죄가 얼마나 심층적이며 광범위한가에 대한 깨달음이 부족했습니다. 죄는 광범위한 영역에 퍼

---

20) "모든 사람이 죄를 범하였으매 하나님의 영광에 이르지 못하더니"(로마서 3:23).

져 있다는 사실을 잘 알지 못했습니다.

나는 나 자신을 들여다볼수록 죄에 물들어 있는 나의 모습을 발견하게 됩니다. 나는 개별적인 죄의 행동뿐만 아니라 죄악된 성품과 성향에 더욱 주목하게 됩니다. 은연중에 다른 사람을 무시하거나 다른 사람에 대해서 안 좋은 생각을 품은 나 자신을 발견합니다. 나의 가족들이나 가까운 사람들에게 신경질적인 모습을 보인 내 모습이 떠오릅니다.

물론 그때 나의 마음속에는 이런 핑계가 떠오릅니다.

'내가 죄를 범한 것은 내가 잠깐 실수를 했기 때문이다. 그것은 내가 방심한 상태에 있었기 때문이다. 내게 조금만 더 마음의 여유가 있었다면 나는 더 나은 행동을 했을 것이다.'

하지만 내가 깨닫는 것은 이것입니다. '방심했을 때의 모습이 오히려 진정한 나의 모습이 아닐까? 그것은 가면을 쓰기 전의 모습이며 그 모습이 나의 참 모습이 아닐까?

물론 내가 대비할 여유가 없었기 때문에 좋은 언어나 행동이 안 나왔습니다. 하지만 대비하기 전의 모습이 나의 참 모습일 수 있는 것입니다. 갑작스러운 도전이 나를 일순간에 고약한 사람으로 만드는 것은 아닙니다. 그것은 단지 내 죄악된 행동 뒤에 숨어 있는 죄악된 성향을 더욱 분명히 보여 줄 뿐입니다.

예를 들어 우리 집의 지하실에 쥐가 들끓고 있습니다. 그런데 만일 쥐가 얼마나 되는지를 보기를 원한다면 나는 갑자기 지하실에 들어가야만 합니다. 갑자기 그곳에 들어갈 때 나는 더 많은 쥐를 보게 될 것입니다. 여기서 나의 갑작스러움이 없던 쥐를 만들어 내는 것은 아닙니다. 갑작스러움은 단지 쥐가 숨는 것을 방해할 뿐입니다. 분노라는 쥐들은 분명히 내 영혼의 지하실에 숨어 있습니다. 미움과 증오라는 쥐들도 역시 내 마음의 지하실 속에 숨어 있습니다.[21]

사람들은 이미 자신이 죄인이라는 사실을 알고 있습니다. 단지 그 사실을 인정하기를 싫어할 뿐입니다. 죄에 대하여 아는 것은 어렵지 않습니다. 오히려 죄를 모르는 것이 불가능합니다. 하나님은 이미 우리 안에 의(義)에 대한 기준을 심어 두셨기 때문입니다. 우리는 모두가 기준에 어긋나는 삶을 살아가고 있습니다.

죄에 대한 논의는 우리에게 그렇게 낯선 주제가 아닙니다. 우리 주변에서 행해지는 많은 관행은 이미 인간의 죄를 가정하고 있습니다. 우리는 입으로 하는 약속만으로는 부족하다고 생각합니다. 그래서 중요한 계약에는 언제나 계약서를 작성하며 도장을 찍거나 서명을 합니다. 인간이 죄인임을 알기 때문입니다.[22]

우리는 집에 문(門)만 달아 놓지 않습니다. 언제나 자물쇠를 채워 둡니다. 인간의 죄가 무엇인지 알고 있기 때문입니다. 극장에서 사람을 받을 때 그저 돈만 받지 않습니다. 극장의 주인은 반드시 표를 발행하고 그 표를 검사합니다. 이 모든 관행은 인간이 죄인이라는 전제 아래 행해지는 관행입니다. 죄에 대한 논의는 새로운 논의가 아니며, 우리가 이미 알고 있는 것들을 명확하게 해 줄 뿐입니다. 우리는 모두가 죄인입니다.

---

21) C. S. 루이스, 『순전한 기독교』(홍성사, 2005).
22) 존 스토트, 황을호 옮김, 『기독교의 기본 진리』(서울: 생명의말씀사,1993). pp. 86~87.

우리는 매여 있는 존재입니다

모든 사람이 죄를 지었다는 사실은 이제 명백한 듯이 보입니다. 하지만 그럼에도 불구하고 다음과 같은 반론을 제기할 사람도 있을지 모릅니다.

좋다. 모든 인간이 크건 작건 간에 죄를 지은 사실은 인정한다. 하지만 인간이 죄를 지었다는 것이 그렇게 큰 문제가 되는가? 인간의 죄는 그렇게 심각한 문제인가?

이 질문도 타당한 질문입니다. 그러므로 우리는 이 질문에 대해서 답해야 합니다. 위의 질문은 죄의 현상과 죄의 본질을 구분할 필요성을 우리에게 깨우쳐 줍니다. 나는 지금까지 모든 인간이 죄를 범했다는 사실을 지적했습니다. 우리 사회는 인간의 죄를 전제하고 모든 제도를 운영합니다. 이제 인간이 죄인인 것은 명백해 보입니다.

사람들이 스스로를 죄인이라고 생각할 때 사람들은 대개 죄의 현상적인 측면에 주목합니다. 현상적인 죄란 구체적으로 드러나는 죄를 의미합니다. 행동으로 죄를 범하거나 말로 범한 죄가 현상적인 죄입니다. 심지어 마음이나 생각으로 지은 죄도 현상적인 죄입니다.

성경은 현상적인 죄를 말할 때 또한 본질적인 죄도 언급합니다. 본질적인 죄란 현상적인 죄들을 가져오는 죄를 의미합니다. 내가 현상적인 죄를 지은 죄인일 뿐만 아니라 본질적인 죄를 범한 죄인임을 알게 되는 데 시간이 참 많이 걸렸습니다.

사람들과의 상대적인 관점에서 우리가 자신을 보면 죄인이라는 생각을 할 수도 있고 하지 않을 수도 있습니다. 누구를 보느냐에 따라서 다르고 어떤 기준을 갖고 있느냐에 따라 다릅니다. 사회나 역사마다 법의 기준이 다르기에 죄의 기준도 다릅니다. 이 사회에서 죄가 되는 것이 다른 사회에서 죄가 되지 않는 것이 있고, 이 시대에 죄가 되는 것이 다른 시대에는 죄가 되지 않습니다. 그러므로 성경에서 문제를 삼는 것은 상대적인 차원에서의 죄가 아닙니다. 상대적인 개념에서의 죄는 죄의 현상만을 볼 뿐 죄의 본질을 보지 못하기 때문입니다.

성경에서 문제를 삼는 것은 절대적인 차원에서의 죄이며, 그것은 본질적인 죄입니다. 현상적인 죄는 본질적인 죄로 인하여 빚어지는 것입니다. 원인이 없는 결과가 없듯이 모든 인간에게 예외 없이 죄의 현상이 나타나는 것은 어떤 공통된 원인 때문이라는 것입니다. 성경이 지적하는 죄는 피상적이지 않습니다. 성경은 근원적인 차원에서 인간이 죄인이라고 선언합니다.

성경은 인간이 죄를 지을 수밖에 없는 상황에 빠지게 된 과정을 서술하고 있습니다. 죄의 문제는 바깥의 문제이기 이전에 속(내면)의 문제입니다. 인간의 언어와 행실의 문제는 인간 마음의 문제로부터 나오기 때문입니다.[23]

그런데 마음의 문제는 인간이 자신의 마음을 다스릴 수 없다는 데 있습니다. 어떤 의미에서 사람들은 죄악의 범행자인 동시에 죄악의 희생자입니다. 왜냐하면 사람들이 죄를 범할 때 어떤 불가항력적인 힘이 사람들을 다스리고 있기 때문입니다. 나는 내 자신의 마음을 다스리는 능력을 갖고 있지 않습니다.

죄는 일종의 중력입니다. 중력에 의하여 우리의 몸이 아래로 내려가듯이, 악을 지향하는 중력(重力)이 우리의 마음을 무기력하게 만드는 것입니다. 죄의 중력 상태는 나의 마음으로 극복하기에는 너무나 벅찬 것입니다. 죄에는 불가항력적 차원이 있습니다. 죄를 범하는 사람들은 대부분 어찌할 수 없어서 죄를 범합니다. 죄의 충동을 느낄 때 그 충동을 극복하기를 원합니다. 하지만 그의 존재 안에는 죄악의 충동을 이길 만한 힘이 남아 있지 않습니다.

나는 내가 잘못할 때 대부분 내가 잘못한다는 것을 알고 있었습니다. 물론 몰라서 죄를 범할 때도 있었습니다. 하지만 상당수의 경우에는 이미 내가 잘못하고 있다는 것을 잘 알고 있었습니다. 하지만 내 속에는 잘못된 성향을 극복할 만한 능력이 없기 때문에 죄를 짓는 경우가 훨씬 더 많았습니다.

나는 내가 죄를 짓는 것이 아니라 죄가 나를 사로잡고 나를 놓아주지 않는다는 것을 발견한 것입니다. 아무리 좋은 이야기를 들어도 그때뿐이었습니다. 나의 죄를 고치기 위하여 일기에 다짐을 쓴 것도 한두 번이 아니었습니다. 하지만 오히려 나의 언행은 고쳐지지 않았습니다. 그래서 오히려 일기를 쓰고 내 잘못을 고치려고 노력한 것을 후

---

23) 하나님은 인간 마음의 문제를 다음과 같이 지적합니다. "만물보다 거짓되고 심히 부패한 것은 마음이라…"(예레미야 17:9).
"사람에게서 나오는 그것이 사람을 더럽게 하느니라 속에서 곧 사람의 마음에서 나오는 것은 악한 생각 곧 음란과 도둑질과 살인과 간음과 탐욕과 악독과 속임과 음탕과 질투와 비방과 교만과 우매함이니 이 모든 악한 것이 다 속에서 나와서 사람을 더럽게 하느니라"(마가복음 7:20~23).

회한 때도 있습니다.

나의 문제는 내 속에 자원과 능력이 결핍되어 있기 때문임을 나는 알았습니다. 결국 죄악된 언어와 행위는 내 존재 속에 죄를 이길 만한 자원과 능력의 결핍으로 인한 것입니다. 내 삶 속에 결핍을 해결할 만한 능력이 주입되지 않는다면 나는 결코 죄악된 행동을 이길 수 없습니다. 결국 나의 문제는 죄의 노예 됨에 있음을 깨닫게 되었습니다. 죄의 문제는 자유(自由)의 문제였으며, 그것은 심각한 문제였습니다.[24]

---

24) "예수께서 대답하시되 진실로 진실로 너희에게 이르노니 죄를 범하는 자마다 죄의 종이라"(요한복음 8:34).

선악을 알게 하는 나무

　인간은 어떻게 해서 죄의 종이 되는 상황에 빠지게 되었습니까? 이 질문은 대단히 중요합니다. 왜냐하면 구원이라는 단어는 '건져내는 것'을 의미하기 때문입니다. 문제는 "인간이 어딘가에 빠져 있느냐 아니냐?"입니다. 만일 인간이 어딘가에 빠져 있다면 구원이 필요하지만, 인간이 빠져 있지 않고 그저 한 번 넘어졌을 뿐이라면 그냥 다시 일어서면 되기 때문입니다. 문제는 여기에 있습니다. "지금 인간이 당하고 있는 곤경은 빠져 있는 상태인가 아니면 그저 한 번 실수로 넘어진 것인가?"

　인간이 죄에 빠지게 된 사건을 설명할 때 성경은 선악과를 따먹은 사건을 예로 들고 있습니다.[25] 인간은 창조주 하나님의 명령을 거역하여 선악과를 따먹음으로써 죄인이 되었다는 것입니다. 이제 인간은 낙원에서 쫓겨 났고 낙원을 잃어버린 존재가 되었습니다.

　선악과 사건은 인간이 최초로 죄를 범한 사건인 동시에 모든 인간의 범죄 속에 내재한 사건입니다. 모든 인간의 범죄는 선악과 범죄의

---

25) "여호와 하나님이 그 사람에게 명하여 이르시되 '동산 각종 나무의 열매는 네가 임의로 먹되 선악을 알게 하는 나무의 열매는 먹지 말라 네가 먹는 날에는 반드시 죽으리라' 하시니라"(창세기 2:16).

유형(類型)을 띠고 있습니다. 그러므로 선악과의 범죄 사건을 살펴보는 것은 대단히 중요합니다.

하나님은 인간을 창조하시고 인간에게 많은 것들을 주셨습니다. 하나님은 인간에게 에덴동산의 모든 것들을 누리게 하셨습니다. 먹고 싶은 것을 먹고, 보고 싶은 것을 보며, 갖고 싶은 것을 갖게 하셨습니다. 하지만 단 한 가지는 하지 못하도록 막으셨습니다. 그것은 동산에 있는 '선악을 알게 하는 나무'의 열매는 먹지 못하게 한 것입니다.

선악과의 명령에는 두 가지의 특징이 있습니다. 첫째, 형식적인 면에서 선악과의 명령은 자유인을 향한 명령입니다. 이는 인간에게 자유의지를 주었기 때문에 가능한 일입니다. 선악과의 명령은 자유인에게만 가능한 명령입니다. 만일 하나님이 "아담아, 앞으로 숨을 쉬지 마라." 하고 명령하셨다면 이는 지킬 수 없는 명령입니다. 이 명령에 대한 순종은 죽음을 의미하기 때문입니다.

반대로 하나님이 "너희는 태양을 만지지 말거라"라고 명령하셨다면 이는 지킬 수밖에 없는 명령입니다. 우리 가운데 태양을 만질 만한 능력을 갖고 있는 존재는 하나도 없기 때문입니다. 반면에 선악과를 먹지 말라는 명령은 인간의 자유에 따라 지킬 수도 있고 안 지킬 수도 있는 명령입니다. 이는 곧 선악과의 명령이 자유인을 향한 명령임을 의미합니다.[26]

둘째, 내용적인 면에서 선악과의 명령은 하나님께서 인간에게 인간의 본분을 알게 하신 명령입니다. 하나님은 선악과의 명령을 통해서 인간의 생명과 행복을 보호해 주기를 원하셨습니다. 하나님은 인

---

26) 박영덕, 『차마 신이 없다고 말하기 전에』(한국기독학생회출판부, 1996), pp. 36-38.

간이 무모함 속에서 파멸하는 것을 원치 않으셔서 선악과의 명령을 주신 것입니다.

　　·

　"인간(아담, 하와)아, 나는 너에게 많은 것을 주었다. 나의 것이 곧 너의 것이다. 너는 나의 형상으로 지어졌기에 나는 너를 통해서 나의 기쁨을 찾는다. 네가 먹는 것을 보는 것이 나의 기쁨이며, 네가 잘되는 것이 내가 잘되는 것이다.

　하지만 인간아, 한 가지는 주의해야 한다. 네게 많은 것이 허락되었지만 너는 인간이며, 내가 하나님이다. 너는 피조물일 뿐이며, 내가 창조주이다. 이는 내가 네게 위세를 부리려는 것이 아니다. 만일 네가 이 명령을 지키지 않으면 너는 파멸할 수밖에 없다. 네가 우주의 명령을 어기면 파멸되는 것은 우주의 명령이 아니라 너 자신의 존재이다. 기억해라. 나는 네가 잘되기를 바란단다. 이 명령을 지키는 것이 네가 잘되는 길이다."

　하지만 인간(아담, 하와)은 사탄의 꼬임에 넘어가서 선악과를 따먹게 되었습니다. 사탄이 인간에게 찾아와서 한 말은 하나님 명령의 정반대였습니다.

　"인간아, 선악과를 먹어 봐. 그러면 너는 곧 하나님과 같아질 수 있어. 이것을 먹으면 너는 우주의 중심이 될 수 있어. 하나님은 네가 능력 있는 존재가 되는 것이 두려운 거야. 먹어 봐. 모든 것이 달라질 거야."

애석하게도 인간은 하나님의 말씀을 듣기보다는 사탄의 말을 들었습니다. 여기서 하나님 앞에 죄가 되는 것은 선악과를 따먹은 행위이기 이전에 하나님의 말씀을 불신하고 사탄의 말을 받아들인 것입니다.

선악과는 표지판의 역할을 할뿐입니다. 선악과가 있기 이전에도 이미 하나님과 인간의 구분은 존재합니다. 선악과는 창조주와 피조물의 구분의 중요성을 알려 줄 뿐이었습니다. 인간의 범죄 순간은 선악과를 따먹은 순간이 아닙니다. 인간이 이미 마음에 하나님 두기를 싫어하고 스스로를 하나님으로 높였을 때 이미 인간은 죄를 범하였습니다. 선악과를 따먹은 것은 이미 행해진 범죄가 밖으로 드러난 순간일 뿐입니다.

어떤 사람들은 하나님이 왜 괜히 선악과를 심어 두어서 인간으로 하여금 죄를 범하게 했는가를 따지기도 합니다. 하지만 나는 선악과 자체가 하나님의 은혜로운 배려라고 생각합니다. 나는 여기에서 상상을 전개해 봅니다. 어쩌면 애초에 에덴동산에는 선악과가 없었을는지도 모릅니다. 하나님은 인간에 이러한 말씀을 해 주셨을 것입니다. "애야, 내가 너를 참으로 사랑한단다. 하지만 한 가지는 기억해라. 너는 피조물이며, 나는 창조주이다. 네가 피조물인 것을 잊으면 오히려 큰 재앙이 된단다."

하지만 인간은 '눈에 보이는 것이 없어서' 그런지 자꾸 자신의 피조물 됨을 잊어버리고 교만한 자세를 보였을지도 모릅니다. 그러자 하나님은 '아, 애가 눈에 보이는 것이 없어서 그런지도 모르겠구나' 라고 생각하시고, 하나의 가시적인 상징으로 선악과를 심어 주셨을 것입니다. 그리고 하나님은 말씀하셨습니다. "이제는 선악과를 심어 주었으니, 이것을 보면서 너의 피조물됨과 나의 창조주됨을 기억해라. 이것이 네게 도움이 되기를 바란다." 이렇게 볼 때 선악과 자체는 하나님의 은혜로운 배려입니다. 물론 이것은 상상입니다. 그 어느 교회 회의에서도 이러한 이론을 통과시킨 적은 없습니다.

인간은 뱀(사탄)의 꼬임으로 선악과를 따먹게 되었을 뿐만 아니라 남자는 여자에게 핑계를 돌렸고, 여자는 뱀에게 핑계를 돌렸습니다. 그 결과로 인간은 낙원을 떠나게 되었고, 인간은 죄의 영역으로 떨어지게 되었습니다.

선악과에 대해서 나에게는 또 다른 상상이 있습니다. 나는 하나님이 못된 아버지 같은 분이 아니라는 것을 잘 알고 있습니다. 만일 우리가 선악과 사건에 대해서 다음과 같은 생각을 품고 있다면 그것은 잘못된 생각입니다. "하나님은 인간에게 선악과를 먹지 말라고 말했다. 그리고는 선악과 뒤편에 가서 숨어 있었다. 마치 이경규의 몰래 카메라맨(camera-man)과 같이 하나님은 인간이 선악과를 따먹을 날을 기다리고 있었다. 마침내 인간이 선악과를 따먹자마자 하나님은 뒤편에 목덜미를 움켜 쥐며, '이 놈들, 드디어 따먹었구나.'" 이것은 하나님의 성품과 마음을 올바로 이해하지 못한 해석입니다. 분명히 단언하건대 우리 하나님은 그러한 분이 아닙니다. "우리는 미쁨이 없을지라도 주는 항상 미쁘시니 자기를 부인하실 수 없으시리라(딤후 2:13)." "이는 그가 우리의 체질을 아시며 우리가 단지 먼지뿐임을 기억하심이로다(시 103:14)."

나는 어쩌면 인간(아담, 하와)이 선악과를 따먹은 것이 처음이 아니었을는지 모른다고 생각해 봅니다. 인간은 이미 여러 번 선악과를 따먹었으며, 성경에 기록된 것은 아담과 하와가 낙원을 쫓겨 나기 전에 마지막에 따먹은 장면이라고 생각합니다. 하나님은 눈에 보이는 가시적인 도움으로 선악과를 심어 줌으로써 인간을 배려하였습니다. 하지만 인간은 어찌나 배은망덕한지 선악과를 따먹고 말았습니다. 하나님은 이것을 아시고 인간에게 책임을 물으셨고, 인간은 처음에 하나님께 잘못을 빌었습니다. "하나님, 잘못 했습니다." 그러자 하나님은 너그럽게 용서해 주셨습니다. "애들아, 다음부터 조심하거라. 너희가 선악과를 따먹으면 너희들의 생명이 위태롭단다." 마치 어린아이가 갖고 놀던 칼을 다시 받아서 제자리에 놓아두는 부모의 심정으로 하나님은 인간을 타일렀습니다. 하지만 사람은 또 다시 선악과를 따먹게 되었습니다.

하나님이 그 이후에도 몇 번이나 용서해 주었는지를 나는 잘 모르겠습니다. 하지만 어찌나 많이 용서해 주었던지 이제 사람의 간은 붓기 시작했습니다. 이제 하나님이 타이르자 아담은 대답합니다. "하나님, 실은 내가 따먹은 것도 아닙니다. 하나님이 만들어 준 이 여자가 줘서 어쩔 수 없어서 먹은 겁니다. 자꾸 나한테 책임을 물으면 뭐 어떻게 하자는 겁니까? 하나님이 여자를 안 만들었으면 이런 일이 없잖아요." 여자도 마찬가지로 핑계를 대었습니다. 하나님은 결국 아픈 마음으로 결단을 내려야 했습니다. '아, 내가 이들을 위해서라도 교훈을 주어야 하겠구나. 그냥 놓아두면 더 비참한 일이 생기겠구나. 이들이 선악과를 따먹고 뉘우치지 않고 있는데, 만일 이들이 생명나무 열매를 따먹으면 비참함 속에서 영원히 살겠구나. 그렇게 되면 이들에게 구원의 길마저 막혀 버리겠구나.' 이러한 마음으로 하나님은 인간을 낙원 밖으로 내보내셨으리라고 나는 상상해 봅니다.

선악과 사건의 핵심은 인간이 인간됨을 지키는가의 문제입니다.

죄는 피조물이 창조주되시는 하나님을 인정하지 않고 자신을 하나님으로 높이는 것입니다. 하나님이 인간에게 하나님의 창조주되심을 인정하라고 권하는 것은 위세를 부리는 것이 아닙니다. 단지 있는 그대로의 사실을 사실대로 인정하고 살아가라는 것입니다.

인간은 자신이 자신을 창조하지 않았습니다. 자신이 창조주가 아닌데 창조주처럼 행세하는 것은 위태로운 행동입니다. 이는 마치 자신이 날 수 없음에도 불구하고 새의 행세를 하면서 절벽에서 뛰어내리는 것입니다. 이는 마치 자신이 헤엄칠 수 없음에도 불구하고 물속으로 뛰어드는 것입니다. 새가 아님에도 새의 행세를 하고, 물고기가 아님에도 물고기의 행세를 하는 것에도 저주와 심판이 있습니다. 하물며 하나님이 아닌 존재가 하나님의 행세를 하는 것에 저주와 심판이 따르지 않겠습니까? 선악과 사건은 우리에게 이것을 극명하게 보여주는 사건입니다.

바람에 나는 겨

선악과 사건을 통해서 우리는 죄의 핵심이 하나님을 하나님으로 인정하지 않고 인간이 자신을 하나님으로 의지하게 된 것임을 보았습니다. 이제 인간은 창조주 하나님을 떠남으로 생명의 근원이 되는 하나님으로부터 단절되었습니다. 인간은 스스로 자신을 창조하지 않았기에 그의 생명을 유지하려면 하나님을 의존할 수밖에 없습니다. 우리는 하나님의 보존이 없이는 피조물의 존재가 지속될 수조차 없음도 이미 살펴보았습니다.

이제 인간은 죄를 지었고 하나님과 단절되는 삶 속으로 빠져 들었습니다. 인간은 스스로 하나님이 되기 위하여 창조주를 창조주로 인정하라는 선악과의 명령을 어기게 되었습니다. 인간은 창조주 하나님이 자기에게 잠깐 위탁한 자원만을 의지하고 살 수밖에 없게 되었습니다. 이제 인간은 100년이라는 아주 짧은 시간(영원에 비교하면)만 살게 되었고, 제한된 자원만을 갖고 삶을 영위하게 되었습니다. 그럼에도 불구하고 자존심은 남아서 계속적으로 자신을 우주의 중심으로 여기고 살게 되었습니다.

피조물이 창조주를 떠났다는 것은 가지가 나무줄기를 떠난 것에 비유될 수 있습니다.[27] 이것은 무엇을 의미할까요? 한 번 우리 자신이 나뭇가지라고 생각을 해 봅시다. 내가 줄기를 떠나자 이제 나무줄기로부터 오는 영양분과 수분은 더 이상 공급되지 않습니다. 이제 나는 내 속에 남아 있는 제한된 영양분과 수분의 힘으로만 살아야 합니다.

물론 내가 줄기를 이탈했다고 갑자기 내 잎사귀가 순식간에 황갈색으로 바뀌지는 않습니다. 내 속에 제한된 자원이 남아 있기 때문입니다. 하지만 나는 이미 죽음의 영역에 빠진 것과 다름이 없습니다. 내가 나무줄기에 머물면 줄기는 수분과 양분을 계속 공급해 줄 것입니다. 하지만 일단 내가 줄기를 이탈하면 줄기는 내게 양분을 공급해 줄 수 없습니다.

창조주 하나님을 떠난 인간의 존재는 '바람에 나는 겨'와 같다는 것을 나는 알게 되었습니다.[28] 하나님을 떠나기 전에 인간의 상태는 '시냇가에 심어진 나무'와 같습니다. 인간은 본래 풍성한 생명의 근원인 시냇가에 심겨진 나무였습니다. 하지만 인간은 수분과 영양분의 근원이 되는 하나님을 떠나게 되었습니다. 이제 인간은 나뭇가지를 이탈한 존재가 되었고, 결국은 바람에 날려 다니는 겨의 신세가 되었습니다. 이 세상에 처음부터 겨의 존재로 태어나는 것은 없습니다. 겨란 언제나 알곡이 메말라 버린 형태를 의미합니다.

피조물이 창조주를 떠난 것은 가지가 줄기를 떠나거나 알곡이 겨로된 것보다 더욱 심각한 상황에 빠진 것입니다. 이것은 생명을 이탈한 사건인 동시에 죽음의 영역에 들어간 사건입니다. 줄기를 이탈한 것은 가지가 생명의 영역에서 죽음(사망)의 영역으로 자리를 옮긴 것입니다.

27) 김세윤, 『구원이란 무엇인가』(성경읽기사, 1984), p.16.
28) "악인들은 그렇지 아니함이여 오직 바람에 나는 겨와 같도다"(시편 1:4).

나는 죄에도 논리(logic)가 있음을 알게 되었습니다. 누구든지 사망의 영역에 들어가면 그 영역을 지배하는 법칙의 영향을 받습니다. 일단 물에 빠지면 물의 법칙의 지배를 받게 되듯이, 죄에 빠지게 되면 죄의 지배를 받게 됩니다. 사람이 죄를 지어서 사망에 빠졌다는 것은 사망의 법칙의 다스림을 받는 것을 의미합니다. 이제 죄는 나의 존재에 중력(重力)의 힘을 발휘합니다. 마치 지진처럼 죄는 나의 존재를 흔들며, 마치 대기의 중력처럼 죄는 나의 존재를 아래로 떨어뜨립니다.

사실 한때 나는 선을 행하기 위하여 최선의 노력을 기울이기도 했습니다. 나는 최선의 노력을 기울이는 가운데 나의 결심이나 의지가 얼마나 연약한지를 알게 되었습니다. 이는 마치 내가 손을 높이 들기를 원하지만 중력의 힘이 있기 때문에 곧 나의 손이 피곤함을 느끼는 것과 같았습니다. 중력의 힘은 언제나 나의 의지보다 강했으며 나의 결심보다 끈질겼습니다.

내가 선을 행하는 데는 많은 노력이 필요했던 반면에 악을 범하는 것은 순식간이었습니다. 참는 데는 신중에 신중을 기해야 했으나, 화를 내는 것은 잠깐이었습니다. 나는 무절제, 완고함, 교만, 험담이라는 교양과목을 결코 배운 적이 없었습니다. 나의 부모님은 내게 나쁜 행동을 하라고 가르쳐 주신 적이 없었습니다. 하지만 나는 누가 시키지 않아도 자연스럽게 죄의 수렁으로 빠져 들게 되었습니다. 사랑하기는 그토록 어려웠고, 내 마음속에서 증오는 저절로 일어났습니다. 이러한 가운데 나는 내 존재의 문제를 의심하기 시작했습니다.

"혹시 나의 문제는 단지 겉의 문제만이 아니라 속의 문제가 아닌가? 나의 문제는 피상적인 문제를 넘어서서 심층적인 문제

가 아닌가? 그저 결심이나 의지의 변화가 아니라 존재의 변화가
필요한 것은 아닌가? 그러한 변화는 어디로부터 오는가? 내 본
성의 근원적인 치료는 어디로부터 오는 것인가?"

나는 내 존재가 심각한 질병에 걸려 있음을 직감하기 시작했습니
다. 이제 내게 필요한 것은 간단한 응급 처치가 아니라 대수술이라는
것을 깨닫기 시작한 것입니다. 내 속에는 죄의 성향이 있다는 것을 알
게 된 것입니다. 이 성향이 바뀌지 않는 한 나는 계속 이 상황에서 벗
어날 수 없음을 알게 되었습니다. 죄에서 자유롭게 되려면 나의 본질
적 죄의 문제를 해결해야 한다는 것을 깨닫게 되었습니다. 근본이 되
는 뿌리의 문제를 해결하는 것이 수천 개의 잎사귀만 잘라 내는 것보
다 더욱 시급한 일임을 깨닫게 되었습니다.

나는 하덕규(시인과 촌장)의 노래 두 곡을 통해 하나님과의 관계에서 건
강한 삶 가운데 있는 인간의 모습과 죄에 빠진 인간의 모습을 볼 수 있
었습니다. '푸른 강가에 심겨진 건강한 나무'와 '자신 속에 자신이 너
무 많아 고통스러워하는 가시나무'는 좋은 대조를 이룹니다.[29]

---

29) '시인과 촌장'의 하덕규는 자신의 테이프에 다음과 같은 언급을 적어 두고 있습니다.
"마지막 녹음 직전에 '가시나무'와 '나무'를 만들게 해 주신 하나님께 감사하며 (내 다급했던 기도에
대한 응답이었다) 이 판에 대한 칭찬을 그에게 돌린다. 예수 그리스도를 통한 그의 사랑에 깊이 감사
드리며 그 사랑의 통로로서의 노래가 되지 못했던 부끄러운 지난날들에 대해 반성하는 마음이다"
(1988. 4. 11 하덕규).

나무

저 언덕을 넘어 푸른 강가엔 젊은 나무 한 그루 있어

메마른 날이 오래여도 뿌리가 깊어 아무런 걱정이 없는 나무

해마다 봄이 되면 어여쁜 꽃 피워 좋은 나라의 소식처럼
향기를 날려

그 그늘 아래 노는 아이들에게 그 눈물 없는 나라 비밀을
말해 주는 나무

밤이면 작고 지친 새들이 가지 사이사이 잠들고

푸른 잎사귀로 잊혀진 엄마처럼 따뜻하게 곱게 안아 주는 나무

가을 높은 하늘이 더욱 높아져 열매들 애쓰면서 익어 가고

빛바랜 잎사귀들 새봄을 위해 미련도 없이 바람에 창백하게
날리고

하얀 눈이 그 위에 온 세상 하얗게 성탄절 아름다운 종소리
들리고

저 언덕을 넘어 어여쁜 노랫소리 떠나간 아이들이 하나 둘
돌아오면

그 줄기 가득 기쁨 솟아올라 밤새워 휘파람 부는 나무

가시나무

내 속엔 내가 너무도 많아 당신의 쉴 곳 없네
내 속엔 헛된 바람들로 당신의 편할 곳 없네
내 속엔 내가 어쩔 수 없는 어둠,
당신의 쉴 자리를 뺏고
내 속에는 내가 이길 수 없는 슬픔,
무성한 가시나무 숲 같네
바람만 불면 그 메마른 가지,
서로 부대끼며 울어대고
쉴 곳을 찾아 지쳐 날아온 어린 새들도 가시에 찔려 날아가고
바람만 불면 외롭고 또 괴로워 슬픈 노래를 부르던 날이
많았는데
내 속엔 내가 너무도 많아 당신의 쉴 곳 없네

죄인에게는 평강이 없습니다

예수는 세상에 있을 때 군중들을 보고 연민의 정을 느꼈습니다. 그는 사람들이 '목자 없는 양'과 같이 '고생'하고 '기진'하는 것을 안타까워하였습니다. "예수께서…무리를 보시고 불쌍히 여기시니 이는 그들이 목자 없는 양과 같이 고생하며 기진함이라"(마태복음 9:35-36).

예수 그리스도의 눈에 비친 사람들은 고생하며 유리(방황)하고 있었습니다. 군중들의 의식주(衣食住) 수준이 높아졌을지라도 사람들이 고생하고 있음을 예수는 보았습니다. 사람들이 방황하며 떠돌고 있음을 예수는 보았습니다. 유리하고 방황한다는 것은 아침을 먹고 갈 직장이 없거나 퇴근한 이후에 돌아갈 가정이 없다는 것만을 뜻하지 않습니다. 그것은 갈 일터가 있고 돌아갈 가정은 있으나 무슨 목적을 위하여 그것을 해야 할지를 알지 못하고 살아간다는 것입니다.

참으로 우리의 인생에는 문제가 끊이지 않습니다. 고생 없이 사는 인생은 거의 없습니다. 괴테의 표현대로, 인생은 근심과 걱정 없이 지낸 날이 몇 날이 되지 않습니다. "인생아, 그대가 근심과 걱정 없이 지낸 날이 몇 날이나 되더냐?"

인생 문제의 원인을 찾기 위한 시도가 여러 방면에서 전개되었습니다. 옛 어른들은 인생에서 무지와 게으름이 가장 큰 문제라고 생각했습니다. 그래서 자녀들을 잘 가르치려고 했고 좋은 대학에 보내려고 했습니다. 이는 타당한 지적입니다. 사람이 배우고 부지런하다면 더 나은 삶을 영위할 수 있기 때문입니다. 하지만 누가 공부를 잘 못하고 싶어서 공부를 못하며, 게으르고 싶어서 게으릅니까? 문제는 인간의 뜻대로 되지 않는다는 데 있습니다.

다른 사람들은 개인적인 요소가 아니라 사회적인 요소(social factor)가 문제라고 주장하였습니다. 예를 들어서 마르크스는 인간 고생의 원인을 경제적 차원에서 찾았습니다. 인간 고생의 원인이 경제적 착취와 소외 때문이라는 지적은 일리가 있는 지적입니다. 인간의 삶은 경제적 차원의 영향을 받기 때문입니다. 하지만 우리는 경제 소외의 원인이 어디서부터 오는지를 한 번 더 물어 보아야만 합니다. 경제 소외의 원인은 인간의 탐욕에 있기 때문입니다. 죄의 뿌리는 만족함을 모르는 인간의 욕심입니다.[30]

인간 문제의 원인은 다양한 차원에서 발견될 수 있습니다. 인생 문제의 해결을 단지 한두 개의 원인으로만 돌리는 것은 축소주의 또는 환원주의(reductionism)의 오류에 빠지는 것입니다. 하지만 많은 원인이 있다는 사실과 근본적인 원인이 있다는 사실은 서로 모순이 아닙니다. 정치, 경제, 사회, 문화적인 원인으로 인하여 인간은 고생하고 있지만 이 모든 원인 뒤에는 근본적인 원인이 있습니다. 이는 인간의 죄입니다. 지금 내가 지적한 이 말이 무엇을 뜻하는지를 설명하고 싶습니다.

우리는 인간이 하나님을 하나님으로 인정하지 아니하고, 스스로를

---

30) "욕심이 잉태한즉 죄를 낳고 죄가 장성한즉 사망을 낳느니라"(야고보서 1:15).
    김동호, 『경주하는 삶이 아름답다』(규장, 1995), pp. 41-43.

하나님으로 높였음을 살펴보았습니다. 인간이 스스로를 하나님으로 높인 것은 나무줄기로부터 단절된 가지의 경우와 흡사함을 우리는 지적하였습니다. 이제 하나님과의 단절이 인간 존재에게 미친 흔적을 살펴보겠습니다.

첫째, 죄는 인간 존재에 심각한 흔적을 남겼습니다. 인간이 하나님을 떠났을 때 인간에게 제일 먼저 찾아온 현실은 죽음이었습니다. 인간의 죄는 인간 존재에 끝을 두게 되었습니다. "선악을 알게 하는 나무의 열매는 먹지 말라 네가 먹는 날에는 반드시 죽으리라 하시니라" (창세기 2:17)

인간을 찾아온 죽음은 단지 생물학적인 개념만은 아닙니다. 물론 죽음은 시간적이며 생물학적인 개념을 포함합니다. 이제 모든 인간은 죽을 수밖에 없습니다. 마치 줄기를 떠난 가지에게 제한된 수분과 양분만이 남아 있듯이 인간에게도 제한된 시간만이 남아 있습니다. 인간이 말라서 사라지는 데는 약 100년 정도의 시간이 소요되었습니다. 이 책을 읽는 사람의 대부분은 100년만 지나면 다 사라지게 됩니다.

인간이 살아간다는 것은 죽음을 향해서 나아가고 있다는 것을 뜻합니다. 우리는 오늘 하루를 살아감으로써 오늘 하루만큼 죽음 가까이 다가갑니다. 누군가가 익살스럽게 표현한대로, 우리는 "죽기 위하여" 살고 있습니다. 나뭇가지가 시들어 가듯이 인간도 하루하루 시들어 갑니다. 이것이 죽음의 생물학적인 차원입니다.

인간에게 죽음은 또한 존재론적인 개념입니다. 죽음은 존재론적인 차원을 갖고 있기 때문에 단지 죽기 직전에만 경험되지 않습니다. 하나님과 분리된 인간은 살아 있는 가운데서도 죽음을 예감하며 경험합니다.

자신의 삶에 끝이 있음을 알기에 불안을 경험합니다. 인간은 삶 속에서 죽음을 경험하기에 삶 속에서도 불안하고, 또한 죽음에 직면하여 더욱 불안합니다. 인간은 죽음 앞에서 현기증을 느끼며 삶의 공허를 경험합니다.

죽음 앞에서 인간이 겪는 두려움은 단지 과거에 대한 부분적 후회가 아닙니다. 인간이 직면하는 후회는 삶의 일부분에 대한 후회가 아니라 삶 전체에 대한 두려움입니다. '좀 더 공부를 열심히 할걸, 좀 더 부자가 될 수 있었을 텐데…' 와 같은 후회가 아닙니다. '내가 절대자 앞에 바로 설 수 있을 것인가?' 이것은 삶 전체에 대한 불안과 두려움입니다.

둘째, 인간의 죄는 다른 사람들과의 관계에도 영향을 미칩니다. 사람은 자신을 하나님의 지위에 놓습니다. 사람은 자신을 높이는 성향을 갖고 있기에 근본적으로 자기중심적이며, 이는 모든 사람에게 다 해당합니다. 바로 여기에 갈등의 필연성이 있습니다.

인간 사이의 갈등에는 자기중심성이 숨 쉬고 있습니다. 싸우는 사람들은 대개 자신에 대해서는 관대하며, 상대방에 대해서는 가혹합니다. 사람들은 자신이 그런 자세를 취하는 것을 대개 알지 못합니다. 인간은 자신의 미덕과 상대방의 결점을 과장합니다. 나는 우주의 중심이며, 세상의 모든 것은 나를 위하여 봉사해야 하기 때문입니다.

인간의 자기중심성은 인간 삶의 모든 차원에 영향을 미칩니다. 사람은 그 행위가 자기중심적일 뿐만 아니라 행위 이전에 이미 관찰과 인식에 있어서도 자기중심적입니다. 사람은 자신에게 유리한 것만을 기억하는 습성을 갖고 있습니다. 대부분의 사람들은 자신의 선행을 회상함에 있어서 탁월한 기억력을 발휘합니다.

사람들에게 엄밀한 정직을 요구하는 것은 거의 불가능하다는 말을 하는 사람도 있습니다. 왜냐하면 그의 기억조차도 이미 자기중심성의 다스림 아래 놓여 있기 때문입니다. "우리는 5년 전의 자신의 언행에 대하여 정직하게 기억할 수 있을까?" 어느 판사는 이 질문에 대해서 다음과 같이 답했다고 합니다.

"근본적으로 부정직한 사람은 늘 거짓말을 합니다. 그는 자신에게 유리할 때는 진실을 말하고 자기의 목적에 진실을 두들겨 맞춥니다. 그는 필요에 따라 사실들을 왜곡하고 이익이 되면 새빨간 거짓말도 합니다. 이러한 사람은 5년이 지나면 자기가 사실을 말했는지 거짓을 말했는지에 관해서 자기의 기억밖에 의존할 것이 없습니다. 그의 기억은 오류(誤謬)에 종속되어 있습니다. 이러한 이유로 부정직한 사람은 자신의 삶의 본질 때문에 정확한 기억을 할 수 없습니다. 그는 거짓과 진실과 절반진실(half-truth)이 뒤얽힌 삶을 살고 있어서 그것들을 잘 가려내지 못합니다."

셋째, 인간의 죄는 인간의 경제생활에도 영향을 미칩니다. 인간은 죄를 통하여 하나님으로부터 단절되었고, 이제 제한된 자원과 능력만을 갖고 살아야 합니다. 마치 잘려진 나뭇가지가 제한된 수분과 양분만을 갖듯이 인간도 제한된 자원으로 삶을 영위해야 합니다. 인간은 자신의 자원이 제한되어 있음을 본능적으로 눈치 채며 불안 가운데 빠집니다. 인간은 자신의 제한된 자원을 보충하는 방법으로 다른 사람들을 지배하고 착취하는 방법을 고안해 내었습니다.

인간은 이제 이웃의 자원을 빼앗아 씀으로써 모자라는 자신의 자원을 보충하려고 합니다. 하나님이 실종된 곳에서는 서로 자신이 하나님이 되기 위하여 약육강식의 논리가 나타납니다. 힘이 센 자가 하나님의 자리를 차지하면서 약한 자를 억압하고 착취합니다.

　　인간은 동물보다 더 잔인하게 약한 자를 착취하는데 그것은 인간에게 상상적 수요(需要)라는 것이 있기 때문입니다.[31] 인간은 상상적 수요로 인하여 당장 필요하지 않은 것일지라도 내일을 대비하여 쌓아 두는 습성을 갖고 있습니다. 인간은 죽음으로 인하여 내일을 염려하게 되었고, 아무리 배불리 먹고 많이 쌓아 두어도 만족함이 없게 되었습니다.

　　이러한 점에서 인간은 (홉스가 지적한 대로) 다른 인간에게 늑대가 되었고, 늑대보다 더 잔인한 동물이 되었습니다. 아무리 잔인한 사자도 배가 부를 때에는 다른 동물을 잡아먹지 않으나 인간은 아무리 가져도 만족하지 못했고, 내일을 위하여 쌓아 두고 또 쌓아 두는 삶을 살게 되었습니다. 주변의 이웃은 굶주림 가운데 있어도 인간은 자신의 내일을 위하여 창고를 넓히는 일에 골몰하였습니다.

　　넷째, 인간의 죄는 자아(自我)와의 관계에도 심각한 흔적을 남깁니다. 인간은 하나님과 분리될 때 자신이 하나님이 된다는 환상 속에 있었습니다. 하지만 일상적 관계 속에서 자신의 제한된 능력이 좌절당하는 것을 경험합니다. 이제 인간은 우월감에서 열등감으로 추락하게 됩니다. 이제 하나님과 분리된 사람은 열등감의 노예가 됩니다.

---

31) 손봉호 외, 『행하는 자라야: 한국 그리스도인의 윤리적 삶을 위하여』(한국기독학생회출판부), pp. 14-
　　15.

내 인생에 있어서 가장 가혹한 비판자는 내 옆자리에 앉은 사람이 아닙니다. 나의 자리에 앉아 있는 그 사람이 바로 내 인생의 가장 가혹한 비판자입니다. 나는 나의 기준에도 어긋나는 삶을 살아가고 있기 때문입니다. 인간은 열등감 가운데 괴로워합니다. 인간의 내면에는 자신도 어찌할 수 없는 어둠이 자리 잡고 있습니다. 마치 달과 같이 인간에게는 남들에게 보여 주지 않는 어두운 구석이 있습니다.

이제 인간은 참된 자아를 잃어버리고 자신의 모습에 불만스러워 하면서 인생을 보냅니다. 인간은 자아와의 관계 속에서도 평강을 찾지 못합니다.[32] 마치 시계추가 이쪽저쪽을 오가듯이, 인간은 교만과 절망을 오가면서 자신으로부터 소외당합니다.

위에서 살펴본 바와 같이 하나님으로부터의 단절은 모든 차원의 소외를 조장합니다. 인간은 유한성의 위협 아래 있기에 언제나 불안을 경험하며 삶의 모든 차원에서 평강을 맛보지 못합니다. 어떤 것을 얻어도 만족을 누리지 못합니다. 하나님을 떠난 인간은 그 대가를 치르고 있습니다. 우리는 지금 하나님께서 말씀하신 "정녕 죽으리라"가 무엇을 의미하는지를 경험하고 있는 것입니다.[33]

죄는 하나님께 대한 폐쇄성으로 인한 단절과 고립이었습니다. 선악과를 따먹을 때 인간은 하나님과 같은 초인(超人)이 되고자 하였으나 오히려 더욱 비참한 존재가 되었습니다. 하나님과 단절됨으로써 우리는 결국 생명의 근원과 단절되었고 죽음의 위협 아래 놓였습니다. 우리는 동료 인간들로부터도 단절되었으며, 다른 사람들과 경쟁하는 관

---

32) "내 하나님의 말씀에 '악인에게는 평강이 없다' 하셨느니라"(이사야 57:21).
33) "'선악을 알게 하는 나무의 열매는 먹지 말라 네가 먹는 날에는 반드시 죽으리라' 하시니라"(창세기 2:17).

계에 놓이게 되었습니다. 우리는 또한 우리 자신으로부터도 단절되고 소외되었습니다.

결국 나는 죄가 내 삶의 모든 비참함의 근본적인 이유가 됨을 깨달았습니다. 하나님께 대한 폐쇄성으로서의 죄는 모든 문제의 근원이 되었습니다. 하나님께 대한 폐쇄성은 결국 이웃에 대한 폐쇄성과 나 자신에 대한 폐쇄성으로 연결되었습니다. 우리가 하나님에 대해서 우리 자신을 닫아 두게 된 것은 모든 비극의 시작이었습니다.

누가 나를 건져 내랴?

내가 죄인임을 발견한 것은 처음에는 쓰라린 일이었습니다. 하지만 이것은 내게 큰 축복이 되었습니다. 나는 내가 죄인임을 깨닫기 전에는 다른 사람들을 쉽게 비난했습니다. 남들이 기준에 미치지 못하는 삶을 살아갈 때에 마음으로 손가락질을 한 때가 한두 번이 아니었습니다. 그러나 나는 곧 죄가 무엇인지를 깨닫게 되었습니다.

죄는 '죽음에 이르는 질병'이었습니다. 아직 죄의 증상이 많이 나타나지 않았다고 해도 나는 이미 질병에 걸린 존재임을 알게 되었습니다. 이는 마치 결핵에 걸린 환자의 예와 같습니다. 나는 결핵 1기에 불과하고 내 친구는 결핵 2기에 해당합니다. 나는 그저 약한 기침만 하고 내 친구는 각혈을 하며 피를 토합니다. 나는 '쟤는 이제 죽었구나' 라고 생각할 수 있습니다. 하지만 결핵 초기라고 할지라도 의사를 만나지 못하면 죽을 수밖에 없고, 결핵 2기라도 좋은 의사를 만나면 살아날 수 있습니다.

진정으로 중요한 것은 지금 나의 상태가 아니라 의사를 만나서 그의 구체적 도움을 받는 것입니다. 내가 필요로 하는 것은 충고가 아니라 능력이었고, 지식이 아니라 구원이었습니다. 나에게 필요한 의사(醫師)는 단지 도덕적 지식만을 제공해 주는 성인(聖人)이 아니라 구원자였습니다.

만일 내가 얼마나 비참한 가운데 있는지를 알지 못했다면 나는 구원자를 만나지 못한 채 지금도 나 자신만을 의지하면서 살고 있을지도 모릅니다. 그랬다면 내 삶의 운명이 어디로 가는지는 분명했을 것입니다. 나는 이전의 삶의 비참함을 아직도 기억합니다. 그러므로 나는 내 죄를 발견하게 된 것 자체가 큰 은혜라고 생각합니다.

하나님 앞에 설 때 나는 누구입니까? 성경이 지적하는 사실은 이것입니다. 하나님 앞에 설 때 나는 죄인(罪人)이라는 사실입니다. 스스로 죄인임을 인정하지 않는 한 하나님과 결코 인격적으로 대면할 수 없습니다. 만일 하나님을 만나는 것에 대해서 관심이 있다면 우리는 이 부분에 주목해야 합니다.

그 어느 누구도 자신이 죄인임을 인정하지 않고는 하나님을 구원자 하나님으로 믿고 받아들일 수 없습니다. 자신을 자녀라고 인정해야 부모님과 관계를 맺을 수 있습니다. 자신이 부모와 대등한 관계라고 생각한다면 우리는 부모님과 관계를 맺을 수 없습니다. (물론 맞먹을 수는 있겠지요) 자신을 학생으로 여겨야 선생님과 사제 관계를 맺을 수 있습니다. 마찬가지로 자신을 피조물로 인정하고 고백해야 창조주 하나님을 만날 수 있고, 자신을 죄인으로 고백해야 구원자 하나님을 만날 수 있습니다.

하나님을 만난 사람들의 공통적인 경험은 자신의 유한성과 죄인 됨의 고백입니다. "하나님 앞에서 나는 죄인입니다. 하나님 앞에 나아갈 수 없는 죄인입니다."[34] 하나님을 만나는 데 많은 것이 필요하지는 않지만 죄인됨의 고백은 선택이 아니라 필수입니다. 인간이 하나님을 만나는 데 필수적인 자세는 자신이 하나님 앞에서 죽을 수밖에 없는 죄인이며 유한한 피조물임을 인정하고 고백하는 것입니다.

하나님은 저 높은 곳에 거하시며(여기는 인간이 지금 상태로는 갈 수 없습니다), 중심에 통회(痛悔)하는 자에게 함께 하십니다. 우리가 우리의 죄를 고백한다면 우리는 하나님을 만날 수 있습니다. 한 신앙인의 간증이 있습니다.

"난생 처음 하나님께 기도하기 시작했다. '하나님이시여, 당신이 존재한다면 나에게 그 존재를 보여 주십시오. 그러면 나도 믿겠습니다.' 얼마 동안 기다렸으나 하나님은 나타나지 않으셨다.

나는 다시 기도했다. '하나님이 존재한다면 내가 죄인이란 사실을 알려 주십시오.' 그 기도가 끝나자 죄가 떠오르기 시작하였다. 내가 지금까지 죄인이라는 사실을 부인한 것이 무너지는 순간이었으며, 동시에 하나님의 존재를 시인하는 순간이었다."
[35]

이제 우리는 다음의 질문에 답변해야만 합니다. "인간은 굳이 누군가를 의지해야만 하는가?" 인간은 자신의 문제를 스스로 해결할 수 있을까요? 인생의 문제는 인간이 하나님을 떠났고 그로 인하여 인간에게 자원과 능력이 제한되어 있기 때문에 발생합니다. 하나님으로부터

---

34) "시몬 베드로가…예수의 무릎 아래에 엎드려 이르되 '주여 나를 떠나소서 나는 죄인이로소이다' 하니"(누가복음 5:8).
"그 때에 내가 말하되 '화로다 나여 망하게 되었도다 나는 입술이 부정한 사람이요 나는 입술이 부정한 백성 중에 거주하면서 만군의 여호와이신 왕을 뵈었음이로다'"(이사야 6:5).
35) 홍성철 편집, 『나는 어떻게 예수님을 만났는가?』(세복).

오는 생명과 자원으로부터 자신을 단절한 것이 죄이며, 이 죄로 인하여 인간의 문제는 생겨납니다.

그런데 인간의 제한성으로 인하여 발생하는 인생의 문제를 인간의 제한된 자원으로 해결할 수 있다고 생각한다면 이것은 논리적인 모순입니다. 만일 우리에게 스스로 구원할 수 있는 자원과 힘이 있었다면, 애초에 구원을 요청하는 상황이 발생하지 않았을 것이기 때문입니다.[36]

결국 구원은 인간 자신으로부터 올 수는 없습니다. 우리에게 구원자가 있는지, 구원자가 있다면 그는 누구인지 아직 알 수 없습니다. 하지만 한 가지는 분명합니다. 그것은 인간 안에는 근원적인 죄를 이길 힘이 없다는 사실입니다. 구원이 가능하다면 그것은 인간의 외부로부터 주어져야 할 것입니다. 무엇이건 간에 죄로 물든 인간으로부터 나온 것은 구원의 능력이 될 수 없습니다. 왜냐하면 인간은 구원의 대상이지 구원의 주체가 아니기 때문입니다.[37]

---

36) 김세윤, 『구원이란 무엇인가』(성경읽기사, 1984), pp. 21-24.
37) "오호라, 나는 곤고한 사람이로다. 이 사망의 몸에서 누가 나를 건져내랴?"(로마서 7:24).

4. 예수 그리스도의 복음

예수 그리스도의 복음

　나는 교회를 비교적 오랫동안 다녔습니다. 어린 시절에 유아세례를 받은 이후부터 줄곧 교회에 다녔습니다. 하지만 내가 기독교 신앙이 무엇인지를 제대로 이해하기 시작한 것은 상당한 시간이 지나고 난 뒤였습니다.

　내가 예전에 가졌던 오해는 기독교 신앙을 일종의 도덕으로만 생각한 것입니다. 물론 나는 여기서 신앙이 도덕과 관계없다고 말하는 것은 아닙니다. 기독교 신앙은 도덕과 윤리를 포함합니다. 문제는 내가 신앙을 '도덕으로' 만 생각한 데 있습니다. 기독교 신앙은 도덕과 윤리를 포함하지만, 그것을 넘어선 내용을 갖고 있음을 알게 되었습니다.

　나는 기독교 신앙의 핵심적인 모습을 서술하고 싶습니다. 기독교 신앙의 핵심적 내용은 복음의 선포입니다. 복음 선포의 내용은 예수가 우리를 위하여 죽고 부활하였다는 것입니다. 예수 사건이 우리의 운명과 밀접한 관계를 갖고 있음을 선포하는 것이 복음의 내용입니다. 나는 복음 안에서 예수의 존재와 사역을 깨닫게 되었습니다. 나는 예수가 나를 위하여 오셨고 나를 위하여 죽었으며 나를 위하여 부활하신 하나님인 것을 알게 되었습니다.

　나는 이 사실을 알게 되었을 때 적지 않게 놀랐습니다. 나는 사실 예수는 그저 위대한 성인(聖人)의 하나 정도로 생각하면서 교회 생활을 했기 때문입니다. 나는 성경을 통해서 예수가 했던 말이나 행동, 예수가 살았던 삶, 예수가 당했던 죽음, 예수가 경험했던 부활은 어딘가 다른 사람들의 경험과 다른 점이 많다는 것을 깨닫게 되었습니다.

예수는 성인(聖人)인가?

우리는 앞에서 인간이 스스로는 빠져 나올 수 없는 죄의 수렁 가운데 빠져 있다고 주장하였습니다. 이제 인간이 자신의 곤경에서 빠져 나오려면 인간은 누군가를 의지해야만 합니다. 그렇다면 우리는 누구를 의지해야 합니까? 성경은 분명히 예수 그리스도를 의지해야 한다고 말합니다. 우리는 이것이 독단적이라는 비판을 받을 수 있는 주장임을 지적하였습니다.

"왜 굳이 예수를 믿어야 하는가? 세상에는 예수 외에도 훌륭한 성인(聖人)들이 많이 있지 않았는가? 반드시 예수만 믿으라고 말하는 것은 독선(獨善)과 아집(我執)이 아닌가?"

우리는 이 질문에 답해야만 합니다. 예수는 도대체 누구이기에 예수를 믿으면 구원을 얻는다고 성경은 선언합니까? 사람들은 대개 예수가 훌륭한 인물인 것은 인정합니다. 하지만 이 세상에 훌륭한 인물이 어디 하나 둘입니까? 많은 성현들이 존재했는데 왜 예수만이 구원의 통로가 된다는 말입니까?

성경의 주장은 예수가 하나님이기 때문에 예수만이 사람을 구원할 수 있다는 것입니다. 만일 예수가 하나님이 아니라면 예수도 다른 사람들과 마찬가지로 죄인일 것이며 따라서 구원의 대상이었을 것입니다.

많은 사람들은 예수를 훌륭한 인물로 받아들일 수는 있지만 예수를 하나님으로 받아들이는 것은 문제라고 생각합니다. 이제 우리는 예수가 누구였는가를 검토해 봅시다.

지금부터 약 1900여 년 전에 한 유대인이 스스로를 하나님이라고 주장하면서 돌아다녔습니다.[38] 그는 자신이 영원 전부터 존재해 왔으며, 자신이 세상을 창조할 때부터 하나님과 함께 있었다고 주장하였습니다. 예수는 세상의 마지막에 자신이 세상을 심판하러 다시 오겠다고 말하기까지 하였습니다.

예수는 여러 가지 면에서 다른 성인(聖人)들과는 다른 모습을 보여 줍니다. 공자, 맹자, 석가모니와 같은 성인은 대개 겸손한 사람들이었으며, 진리를 겸손히 탐구하는 사람들이었습니다. 그들은 서로 다른 논리를 사용했지만 궁극적으로 세상의 진리에 대하여 탐구했고, 그들은 자신이 깨달은 진리를 겸손하게 전달해 주었습니다.

하지만 예수는 다른 모습을 보입니다. 물론 예수는 제자들에게 겸손하라고 가르쳤고 그는 겸손한 인격을 가진 사람이었습니다. 하지만 그의 주장을 검토해 보면 예수는 별로 겸손한 모습을 보이지 않습니다. 예수는 자신이 탐구한 진리를 가르치기보다는 직접적인 방식으로 말하였으며, 심지어 자신을 진리라고 선포하였습니다.

---

[38] "예수께서 이르시되 '빌립아, 내가 이렇게 오래 너희와 함께 있으되 네가 나를 알지 못하느냐? 나를 본 자는 아버지를 보았거늘 어찌하여 아버지를 보이라 하느냐? 내가 아버지 안에 거하고 아버지는 내 안에 계신 것을 네가 믿지 아니하느냐?…"(요한복음 14:9-10).

"나는 생명의 떡이니 내게 오는 자는 결코 주리지 아니할 터이요 나를 믿는 자는 영원히 목마르지 아니하리라"(요한복음 6:35).

"나는 세상의 빛이니 나를 따르는 자는 어둠에 다니지 아니하고 생명의 빛을 얻으리라"(요한복음 8:12).

"나는 부활이요 생명이니 나를 믿는 자는 죽어도 살겠고 무릇 살아서 나를 믿는 자는 영원히 죽지 아니하리니, 이것을 네가 믿느냐?"(요한복음 11:25~26).

"내가 곧 길이요 진리요 생명이니 나로 말미암지 않고는 아버지께로 올 자가 없느니라"(요한복음 14:6).

이 모든 주장이 우리를 어리둥절하게 만듭니다. 다른 사람에게는 겸손하라고 주장한 사람이 왜 스스로는 겸손치 않습니까? 예수는 왜 자신을 우주의 중심에 두었습니까?

예수의 주장들 가운데 많은 부분이 우리의 이해를 넘어서지만 특히 용서에 관한 예수의 주장은 우리를 더욱 의아하게 만듭니다. 예수는 자신이 사람들의 죄를 위하여 죽을 것이며 자신이 사람들의 죄를 용서해 준다고 말했습니다.[39] 이것은 터무니없는 말입니다. 우리는 이 말의 심각성을 그냥 지나치는 경향이 있습니다.

한 번 생각해 봅시다. 다른 사람이 내게 어떤 잘못을 했을 때 나는 그 사람을 용서해 줄 수 있습니다. 어떤 사람이 지하철역에서 나의 발을 밟았을 때 나는 그 사람을 용서해 줄 수 있습니다. 하지만 정작 당사자도 아닌 사람이 내 옆에서 내 발을 밟은 사람을 향해 "내가 이 사

---

39) "예수께서…이르시되 '작은 자야, 네 죄 사함을 받았느니라' 하시니"(마가복음 2:5).

람 대신에 당신의 죄를 용서해 주겠습니다"라고 말한다면 그 사람은 참으로 이상한 사람입니다. 불쑥 사이에 끼어든 그 사람은 참으로 주제넘은 행동을 하는 것입니다.

그런데 예수가 나타나서 한 일이 바로 이 일이었습니다. 예수는 사람들의 모든 죄가 용서되었다고 말합니다. 예수는 손해를 입힌 다른 사람의 의견을 묻지도 않았습니다. 이 모든 사건 속에서 예수는 마치 자신이 사람들의 죄에 직접적으로 관련된 당사자인양 말하고 행동하였습니다.[40]

예수가 한 용서의 말은 참으로 독단적인 주장이든지, 아니면 예수가 무엇인가 다른 사람임을 시사하는 주장입니다. 달리 말하자면, 이 것은 예수가 엉터리 같은 인물이든지 아니면 그가 진실로 인간의 죄로 인하여 아픔을 겪었던 하나님임을 의미하는 것입니다.

우리는 예수에 대해서 중간의 진술을 할 수는 없습니다. 예수는 과대망상증 환자이거나 하나님입니다. 물론 예수가 엉터리 인물이었을 가능성도 전혀 없지는 않습니다. 예전에 어떤 사람이 다음과 같은 편지를 받았습니다.

"저는 이제 막 위대한 발견을 했습니다. 전능하신 하나님께는 아들이 둘 있는데, 그 첫째는 예수 그리스도요, 둘째는 바로 저라는 것입니다."

편지의 수신인은 깜짝 놀라서 편지의 주소를 확인해 보았습니다.

---

40) C. S. 루이스, 『순전한 기독교』(홍성사, 2005).

편지의 발신지는 정신병원이었습니다.[41]

예수와 편지를 보낸 젊은이의 차이는 무엇입니까? 일단 아무도 정신병원의 젊은이를 믿지 않습니다. 뿐만 아니라 그의 제자가 되어서 그를 위하여 생명을 바치는 사람도 없습니다. 사람들은 왜 이 젊은이를 믿지 못합니까? 이는 젊은이의 인격과 행동이 그의 주장에 배치되기 때문입니다.

예수의 경우에는 어떠합니까? 예수의 언어, 행위, 존재는 그의 주장에 상응하는 면을 갖고 있습니다. 예수는 하나님의 말씀을 전달하였으며, 하나님의 임재를 드러내는 기적을 행했습니다. 예수는 사람들에게 하나님의 성품을 느끼게 만들어 주었습니다. 예수 생애의 시작과 마지막은 그의 신성을 암시합니다. 예수는 초자연적 방법으로 세상에 왔으며, 초자연적인 방법으로 세상을 떠났습니다.

예수의 초자연적 잉태와 부활이 예수의 신성(神性)을 논리적으로 증명하는 것은 물론 아닙니다. 하지만 예수의 초자연적 잉태와 부활이 예수의 신성에 잘 부합하는 것은 사실이며, 이것이 성경의 주장이라는 것도 사실입니다.[42] 예수의 제자들은 예수의 부활 사건 이후로 예수를 위하여 자신의 생명을 바쳤습니다. 제자들의 급격한 변화는 예수의 부활과 예수의 신성에 대한 하나의 증언(증거는 아닐지라도)이 될 수 있습니다.

프랑스혁명 당시 각각의 지도자를 가진 여러 신흥 종교들이 생겨났습니다. 많은 종교 지도자들은 기독교는 이미 과거의 유산이며 폐지

41) 존 스토트, 『기독교의 기본 진리』(생명의말씀사, 1993), pp.46-47.
42) 존 스토트, 『기독교의 기본 진리』(생명의말씀사, 1993), pp. 62-63.

되어야 하고, 새로운 종교가 나타나야 한다고 주장하였습니다. 그러나 어느 누구도 대중의 생각을 사로잡을 수 없었습니다. 몇 개월이나 수년 후면 대부분 와해되어 버렸기 때문입니다. 자포자기 상태에서 신흥 종교의 창시자 가운데 한 명이 프랑스의 위대한 정치가 탈리랑드(Talleyrand)에게 '어떻게 하면 자기의 종교가 무너지는 것을 막을 수 있을지'를 물었습니다. 탈리랑드는 이렇게 대답했다고 합니다. "나의 친애하는 친구여, 당신이 십자가에 못 박혀 죽고 삼일만에 다시 살아난다면 그것은 가능할 것이요."

이러한 논의는 한 가지 사실을 분명하게 만들어 줍니다. 우리가 예수를 성인(聖人)으로 부르는 것은 예수 자신의 주장에도 배치되며 앞뒤가 잘 맞지 않는 일입니다. 예수를 성인으로 받아들이는 것은 우리로 하여금 곤경에 빠지게 만듭니다. 만일 예수가 사람에 불과하다면 그는 하나님을 사칭한 종교 사기꾼입니다. 종교 사기꾼이 성인이나 도덕 교사가 될 수는 없을 것입니다.

예수가 했던 말들은 성인이나 도덕 교사의 수준을 훨씬 넘어서는 내용입니다. 그가 한 말이 옳지 않다면 예수는 일종의 과대망상증 환자일 것이며, 그가 한 말이 옳다면 예수는 우리를 위하여 오신 하나님입니다. 성경이 무엇을 증거하는지는 우리에게 너무나 분명합니다.

기독교 신앙은 예수 그리스도를 하나님으로 인정하는 것에 그 기반을 두고 있습니다. 기독교 신앙의 핵심은 예수 그리스도가 나를 위하여 죽었고 부활한 하나님임을 믿는 것입니다. 신앙생활은 예수 안에 하나님의 구원의 능력이 있음을 받아들이는 것이며, 그 구원의 능력을 전달하고 유통하며 사는 것입니다.

예수 그리스도의 사건

앞 단원에서 나는 예수를 단지 성인(聖人)으로 간주할 수 없다고 주장하였습니다. 예수를 단지 성인으로 간주하는 것은 예수 자신이 전개했던 주장과 맞지 않으며 성경의 선포와도 일치하지 않습니다. 성경은 예수 그리스도를 사람의 몸을 입고 오신 하나님이라고 분명히 선포합니다.

우리가 예수를 하나님으로 받아들일 때, 그것은 무슨 뜻입니까? 우리가 예수를 하나님으로 이해할 때 우리는 예수를 사건(事件)으로 이해합니다. 예수 그리스도는 피조물을 위하여 펼쳐진 하나의 사건입니다. 성경은 예수 그리스도를 구원의 사건으로 선포하며, 누구든지 예수를 믿기만 하면 구원을 얻는다고 말합니다.

"주 예수를 믿으라 그리하면 너와 네 집이 구원을 받으리라"(사도행전 16:31).

"그런즉 누구든지 그리스도 안에 있으면 새로운 피조물이라 이전 것은 지나갔으니 보라 새 것이 되었도다"(고린도후서 5:17).

도대체 예수 안에 무엇이 있기에 예수만 믿으면 구원을 얻을 수 있으며, 예수 안에 거하는 사람은 "새로운 피조물"이 된다고 말합니까?

이것은 중요한 질문입니다. 예수가 누구인가를 바로 이해하는 것은 기독교 신앙의 핵심이기 때문입니다. 나는 드디어 예수 그리스도가 하나의 사건이라는 것을 깨닫게 되었습니다. 예수 그리스도는 우리가 아는 것과 같은 단순한 인물(人物)이 아닙니다. 예수 그리스도를 그저 하나의 인물로만 이해한다면 우리는 예수 안에 있는 놀라운 실체에 접근할 수 없습니다.

어떤 사람은 이러한 질문을 던집니다. "이천 년 전에 팔레스타인에 살았던 사람과 나 사이에 무슨 관계가 있는가?" 좋은 질문입니다. 우리가 예수를 내 밖에 존재하는 하나의 평범한 인물로만 생각한다면 우리는 이 질문에 올바로 답할 수 없습니다. 이 질문에 답하려면, 우리는 예수를 인물로만 이해하기보다는 사건으로 이해해야 합니다. 예수의 사건은 나의 삶에 영향을 미치는데 이는 예수의 생애가 우주의 사건이기 때문입니다. 한 가정의 사건이 그 가족 구성원에게 영향을 미치듯이, 우주의 사건은 우주 안의 모든 구성원에게 영향을 미칩니다. 특별히 예수의 사건은 하나님의 사건이므로 모든 피조물에게 영향을 미칩니다.

우리는 예수 사건 안에서 엄청난 현실을 경험하게 됩니다. 우리가 예수 그리스도라는 사건을 겪는다면 우리는 그 안에서 놀라운 것들을 체험하게 됩니다. 예수는 특히 하나님의 사건입니다. 만일 우리가 박물관 안에 들어간다면 우리는 그 속에서 고대의 세계를 만나게 됩니다. 만일 우리가 예수 사건 안에 들어간다면 우리는 그 속에서 하나님의 세계를 보며, 하나님의 운동을 체험하며, 하나님의 역사를 경험하게 됩니다.

우리가 예수를 하나의 놀라운 사건으로 이해한다면 우리는 위의 성경 구절들을 다음과 같이 다시 읽어볼 수 있습니다.

"주 예수 그리스도의 사건을 믿고 받아들이라. 그리하면 너와 네 집이 구원을 얻으리라"(사도행전 16:31).

"그런즉 누구든지 예수 그리스도의 사건 안에 있으면 새로운 피조물이라. 이전 것은 지나갔으니 보라 새 것이 되었도다"(고린도후서 5:17).

그렇습니다. 예수 그리스도는 우주 가운데 일어난 놀라운 사건입니다. 예수 그리스도는 하나님이 인간의 몸을 입고 찾아온 사건이며, 말씀이 육신이 되어 찾아오신 사건입니다.[43] 누구든지 이 예수의 사건 안에 빨려 들어가면 구원을 얻게 되며, 새로운 피조물이 될 수밖에 없습니다.

이는 예수 안에 만물을 새롭게 만드시는 하나님의 종말(終末)적인 역사(役事)가 있기 때문입니다. 예수 사건 안에는 하나님의 세계, 하나님의 운동, 하나님의 역사(歷史)가 있습니다. 예수 사건 안에는 하나님 존재의 운동이 있습니다. 예수 사건 안에는 피조물의 세계를 초월하는 말씀의 세계가 있습니다. 예수 사건 안에는 인간의 역사(歷史)를 변혁시키는 하나님의 역사(歷史)가 있습니다.

---

43) "말씀이 육신이 되어 우리 가운데 거하시매 우리가 그의 영광을 보니 아버지의 독생자의 영광이요 은혜와 진리가 충만하더라"(요한복음 1:14).

그러므로 예수 사건 안에 들어간다는 것은 나의 제한된 세계를 벗어나서 하나님의 세계에 참여하는 것을 의미합니다. 예수 사건 속에 거하는 것은 나의 제한된 역사를 초월하여 하나님의 역사 속에 참여하는 것입니다. 예수 사건을 영접하는 것은 내 존재의 유한한 운동을 넘어서서 하나님 나라의 운동 속에 들어가는 것입니다.

이제 와서 생각해 보니, 내가 예수를 믿기로 결단했을 때 나는 예수 사건의 의미를 잘 알지 못했습니다. 내가 예수를 믿게 된 것은 예수를 믿지 않았던 나의 삶이 너무나 궁핍했기 때문이었습니다. 나는 하나님 없이 사는 삶이 너무나 지긋지긋해서 어쩔 수 없이 예수를 믿기 시작했습니다. 이전의 결단은 내 존재의 궁핍함에서 탈출하려는 시도에 불과했습니다. 그때에는 하나님의 놀라운 세계와 운동을 오직 피상적으로만 알았습니다.

내가 믿음의 결단을 내렸을 때 나는 내 앞에 이토록 찬란한 세계가 펼쳐 있으리라고는 상상도 하지 못했습니다. 오히려 나는 예수를 내 존재 속에 영접하고 나서야 예수 사건의 실체를 이해하게 되었습니다. 나는 예수 사건 속에 빨려 들어가면서 내가 영접한 것이 무엇인지를 제대로 이해하게 되었습니다.

그러므로 예수 사건을 지식으로만 이해하는 것은 불가능합니다. 예수 사건은 인간의 개념으로 정리되는 사건이 아닙니다. 예수 사건을 안다는 것은 예수로 인하여 나의 전 존재가 변화를 경험하는 것입니다. 예수 사건을 아는 유일한 길은 예수 사건이 우리에게 펼쳐내는 운동에 참여하는 길입니다.

인간이 하나님을 안다는 것은 마치 해바라기가 태양을 아는 것에 비유될 수 있습니다. 해바라기가 태양을 안다는 것은 태양이 전개하는 빛과 열의 운동에 참여하는 가운데 태양이 주는 온갖 선물을 받고 그 혜택에 참여하는 것입니다. 만일 해바라기가 태양 빛을 받지 못한다면, 그리하여 해바라기가 시들어 죽게 된다면 해바라기는 결코 태양을 알 수 없습니다. 태양에 대한 해바라기의 지식은 언제나 태양과의 교류(交流) 속에서 얻어지는 것이기 때문입니다.

인간이 하나님을 아는 것도 마찬가지입니다. 인간이 하나님을 아는 것은 하나님이 전개하는 운동 속에 참여하는 가운데 하나님이 주는 선물을 받고 그 혜택을 누리는 것입니다. 만일 인간이 하나님의 운동에 참여하지 못하고 그저 단절되어 죽어간다면 인간은 하나님을 알 수 없습니다. 하나님에 대한 인간의 지식은 하나님과의 교류(交流) 속에서만 얻어지는 것이기 때문입니다.

내가 하나님을 안다는 것은 단지 하나님에 대한 개념적 지식을 갖는 것만을 뜻하지 않습니다. 물론 우리는 하나님에 대한 개념적 이해를 가질 수 있습니다. 하지만 하나님에 대한 개념적 이해는 하나님 체험의 부산물(副産物)로 생기는 것이지 그것 자체가 하나님 체험의 내용은 아닙니다.

인간이 하나님을 안다는 것은 하나님을 체험하는 것입니다. 인간은 하나님을 체험함으로써 하나님 존재의 영향권 안으로 흡수됩니다. 인간은 하나님 존재의 영향권 안으로 빨려 들어감으로써 하나님을 체험하게 되고, 하나님 체험의 결과로 하나님에 대한 개념적 지식에 도달하게 되는 것입니다.

우리가 갖고 있는 성경의 문자들은 하나님 체험의 결과입니다. 하나님의 말씀이 먼저 사람들의 존재를 관통하고 지나갔습니다. 그 결과로 사람들은 죽음의 사람에서 생명의 사람으로, 또 하나님의 사람으로 변화되었습니다. 하나님의 사람들은 자신이 경험한 것을 감출 수 없었으며 그 체험을 글로 표현하였습니다. 바로 이것이 성경의 문자들입니다. 우리는 이제 성경의 문자들을 해석함으로써 예수 사건의 의미를 파악하고자 합니다. 성경의 문자를 기록하게 만든 그 사건의 실체를 파헤치는 것이 우리의 목표입니다. 우리가 예수 사건을 탐구하는 가운데 믿음을 가진다면, 우리는 예수 사건의 흐름 속에 참여할 수 있습니다.

예수 사건의 흐름

_예수 생애의 사건들

    나는 예수 사건의 흐름을 간결하게 서술하기를 원합니다. 이는 구약성경에서 예언되었고 신약성경에서 그려지고 있는 내용입니다. 예수 사건의 흐름은 예수의 삶, 십자가의 죽음, 부활로 이어지는 사건들 속에서 전개되었습니다. 예수 사건 속에서 하나님은 죄의 수렁에 빠진 우리를 향한 구원의 사역을 전개하셨습니다.[44]

    예수는 말씀이 육신이 되어 우리에게 찾아오신 하나님입니다. "말씀이 육신이 되어 우리 가운데 거하시매 우리가 그의 영광을 보니 아버지의 독생자의 영광이요 은혜와 진리가 충만하더라"(요한복음 1:14). 이는 인간의 이해로 다 담을 수 없는 사건입니다. 예수가 세상에 찾아온 사건은 천지만물을 만드신 하나님께서 우리를 위하여 찾아오신 사건입니다. 인간은 스스로 구원을 받을 수 없으므로 하나님께서 친히 사람의 몸을 입고 찾아오셨습니다. 예수 그리스도는 우리를 건져 주기

---

44) "옛적에 선지자들을 통하여 여러 부분과 여러 모양으로 우리 조상들에게 말씀하신 하나님이 이 모든 날 마지막에는 아들을 통하여 우리에게 말씀하셨으니…이는 하나님의 영광의 광채시요 그 본체의 형상이시라 그의 능력의 말씀으로 만물을 붙드시며 죄를 정결(淨潔)하게 하는 일을 하시고 높은 곳에 계신 지극히 크신 이의 우편에 앉으셨느니라"(히브리서 1:1-3).

위하여 찾아오신 하나님입니다.

우리는 2장에서 하나님께서 말씀으로 천지만물을 창조하셨음을 살펴보았습니다. 이제 보니, 그 말씀(Logos)은 곧 로고스이신 예수 그리스도였습니다. 요한은 세상에 오시기 전의 예수의 존재를 다음과 같이 서술합니다.

"태초에 말씀이 계시니라 이 말씀이 하나님과 함께 계셨으니 이 말씀은 곧 하나님이시니라"(요한복음 1:1).

요한에 따르면, 천지만물이 예수로 말미암아 지어졌으며 예수가 없이 창조된 것은 하나도 없습니다. 이는 예수가 말씀이며, 예수가 창조의 원리(로고스)라는 것입니다.

예수가 육신을 입고 세상에 온 것은 창조원리인 하나님이 곧 구원원리가 되기 위하여 왔다는 것을 의미합니다. 예수는 구원의 하나님입니다. 예수의 탄생을 예고했던 천사는 아이의 이름을 예수라고 짓도록 말했는데, 이는 '예수'라는 말은 히브리어로 '구원'을 의미하는 단어였기 때문입니다.[45]

인간에게 오신 구원자 예수는 빛과 생명의 근원이 되는 하나님이었습니다. 모든 피조물의 창조원리인 예수 안에 모든 피조물의 빛과 생명이 있는 것은 이상한 일이 아닙니다. 구원자 예수는 세상에 친히 와서 각 사람에게 자신의 빛을 비춰 주었습니다. 그러므로 요한은 예수

---

[45] "아들을 낳으리니 이름을 예수라 하라 이는 그가 자기 백성을 그들의 죄에서 구원할 자이심이라"(마태복음 1:21).

를 '참 빛'이라고 하였으며 '세상에 와서 각 사람에게 비추는 빛(요한복음 1:9)'이라고 하였습니다. 요한은 자신이 직접 목격한 예수 그리스도를 다음과 같이 증언합니다.

"태초부터 있는 생명의 말씀에 관하여는 우리가 들은 바요 눈으로 본 바요 자세히 보고 우리의 손으로 만진 바라 이 생명이 나타내신 바 된지라 이 영원한 생명을 우리가 보았고 증언하여 너희에게 전하노니 이는 아버지와 함께 계시다가 우리에게 나타내신 바 된 이시니라"(요한일서 1:1~2).

예수 그리스도는 세상에서 사는 동안 군중들을 가르치셨으며 제자들을 훈련시켰습니다. 예수는 병든 사람을 치유하였으며 상처받은 심령들을 위로하였습니다. 예수는 사람들에게 천국의 복음을 전파하는 가운데 인간의 죄를 위하여 구원의 사역을 베풀었습니다. 예수의 제자 마태는 예수의 생애를 다음과 같이 요약합니다. "예수께서 모든 도시와 마을에 두루 다니사 그들의 회당에서 가르치시며 천국복음을 전파하시며 모든 병과 모든 약한 것을 고치시니라"(마태복음 9:35).

예수는 자신의 사역을 하는 동안 많은 사람들을 사랑하였습니다. 특별히 버림받은 사람들을 용납하고 영접하였으며, 따돌림받은 영혼들을 품어 주었습니다. 예수는 자신의 사역을 이해하지 못하고 끝까지 다툼 가운데 있던 제자들에게 끝까지 사랑을 베풀었습니다. 예수는 참으로 끝까지 사랑하며 섬기는 종의 모습을 보였습니다.

"유월절 전에 예수께서 자기가 세상을 떠나 아버지께로 돌아가실 때가 이른 줄 아시고 세상에 있는 자기 사람들을 사랑하시되 끝까지 사랑하시니라"(요한복음 13:1).

예수가 누구인가를 깨달은 베드로는 "주는 그리스도시요 살아 계신 하나님의 아들이시니이다"(마태복음 16:16)라고 예수의 하나님되심을 고백하였습니다. 베드로의 고백을 받아들인 예수 그리스도는 자신이 사람들의 죄를 대신 속죄(贖罪)함으로써 사람들을 죄에서 건질 것임을 예언하였습니다. 예수는 자신이 하나님의 고난받는 종으로서 십자가의 죽음을 죽을 것이라고 예고하였습니다. 자신을 인자(人子)로 묘사하면서, 예수는 자신의 목적을 다음과 같이 말하고 있습니다. "인자(人子)의 온 것은 섬김을 받으려 함이 아니라 도리어 섬기려 하고 자기 목숨을 많은 사람의 대속물로 주려 함이니라"(마가복음 10:45).

예수는 죄가 없었으나 사람들의 죄를 대신하여 십자가에 달려서 저주의 죽음을 당했습니다. 예수가 당한 죽음의 성격은 십자가 위에서 예수가 외쳤던 말들 가운데 분명히 드러납니다.

"이에 예수께서 이르시되 '아버지, 저들을 사하여 주옵소서 자기들의 하는 것을 알지 못함이니이다' 하시더라"(누가복음 23:34).

"제구시쯤에 예수께서 크게 소리질러 이르시되 '엘리 엘리 라마 사박다니' 하시니 이는 곧 '나의 하나님, 나의 하나님, 어찌하여 나를 버리셨나이까' 하는 뜻이라"(마태복음 27:46).

"예수께서 신 포도주를 받으신 후에 이르시되 '다 이루었다' 하시고 머리를 숙이니 영혼이 떠나가시니라"(요한복음 19:30).

이는 곧 구약성경에서 예언한 것과 일치하는 것이었습니다. 특히 이사야서 기자는 이사야 53장의 고난받는 종의 노래에서 예수가 탄생하기 전에 이미 예수 그리스도의 대속(代贖)의 죽음에 대해서 다음과 같이 예언하였습니다.

"그가 찔림은 우리의 허물 때문이요 그가 상함은 우리의 죄악 때문이라 그가 징계를 받음으로 우리는 평화를 누리고 그가 채찍에 맞으므로 우리는 나음을 받았도다 우리는 다 양 같아서 그릇 행하며 각기 제 길로 갔거늘 여호와께서는 우리 모두의 죄악을 그에게 담당시키셨도다…나의 의로운 종이 자기 지식으로 많은 사람을 의롭게 하며 또 그들의 죄악을 친히 담당하리로다"(이사야 53:5~6,11).

예수는 십자가의 죽음을 당한 뒤에 자신이 이미 예언한 바대로 사흘만에 부활하였습니다. "놀라지 말라 너희가 십자가에 못 박히신 나사렛 예수를 찾는구나 그가 살아나셨고 여기 계시지 아니하니라 보라 그를 두었던 곳이니라"(마가복음 16:6).

이제 부활한 예수는 제자들을 찾아 와서 자신의 십자가 사역의 의미와 목적을 설명해 주었으며 제자들에게 새로운 사명을 주었습니다.

"이에 그들의 마음을 열어 성경을 깨닫게 하시고 또 이르시되 '이같이 그리스도가 고난을 받고 제삼일에 죽은 자 가운데서 살아날 것과 또 그의 이름으로 죄 사함을 받게 하는 회개가 예루살렘에서 시작하여 모

든 족속에게 전파될 것이 기록되었으니 너희는 이 모든 일의 증인이
라' "(누가복음 24:45-48).

이후에 제자들은 전혀 다른 사람들로 변화되었습니다. 변화된 제
자들을 통하여 예수 사건은 역사를 관통하여 흘러 왔으며, 오늘 이 시
대를 살아가고 있는 우리에게 전달되었습니다.

바로 이것이 예수 사건의 흐름입니다. 예수의 탄생, 삶, 십자가의
죽음, 부활에 이르는 일련의 사건이 곧 예수 사건의 흐름입니다. 천지
를 창조하신 말씀(로고스)이신 하나님은 육신을 입고 이 땅에 오셨습니
다. 그는 이 땅에서 탄생과 죽음, 부활의 사건을 통하여 인간을 건져
내는 사역을 담당했습니다. 이제 예수는 다시 말씀의 존재로 되돌아
가서 오늘도 말씀의 사람들을 통하여 자신의 사역을 하고 계십니다.
믿음이란 예수 사건을 통하여 드러나는 말씀의 사역 가운데 참여하는
삶을 뜻합니다.

나는 예수 사건의 흐름과 내용에 대해서 서술했습니다. 나는 부활
에 대해서 언급하기를 원합니다. 사람들은 예수의 탄생, 생애, 십자가
의 죽음에 대해서는 별로 의문을 제기하지 않지만 부활에 대해서는 의
문을 제기합니다.

우리는 예수 부활 사건을 객관적 사실로 증명할 수는 없습니다. 나
는 예수 부활이 실제로 일어났음을 시사하는 여러 역사적 증빙 자료들
을 알고 있습니다. 예수의 부활을 옹호하는 방향으로 쓰인 여러 좋은
책들이 있습니다.[46] 하지만 나는 그 책들이 예수의 부활을 증명할 수
있다고 생각하지는 않습니다. 이 책들은 예수의 부활이 가능성이 있
는 사건임을 보여 줄 수 있을 뿐입니다.

예수의 부활은 시간과 공간을 초월하여 발생한 사건입니다. 예수의 부활은 다른 인간들이 잠시 소생한 것과는 전혀 다른 사건입니다. 죽음에서 잠시 깨어났던 사람들은 모두가 결국에는 죽고 말았습니다. 하지만 부활 사건을 통하여 예수는 잠깐 소생한 것이 아니라 영원의 세계로 들어간 것입니다. 그러므로 예수의 부활 사건은 다른 사건과는 비교가 될 수 없는 사건입니다. 예수 부활의 사건은 인간의 지성에 의하여 실증(實證)될 수도 반증(反證)될 수도 없는 사건입니다.

다만 나는 예수의 부활이 가능한 이유를 지적하고 싶습니다. 그것은 신학적인 이유, 곧 하나님으로 인한 이유 때문입니다. 예수의 부활은 하나님으로 인하여 가능한 일입니다. 하나님께서 예수를 살리신 사건은 창조주 하나님의 사역이기에 가능합니다. 창조란 무엇입니까? 창조(創造)란 없는 것(無)을 있는 것(有)으로 부르는 하나님의 전능한 능력입니다. 죽은 자를 살리는 능력은 하나님의 창조 사역 가운데 일부분에 불과합니다. 죽은 자를 살린다는 것은 생명 없는 존재를 생명의 존재로 부르는 사역에 해당되기 때문입니다.

부활 사건은 창조 사건과 마찬가지로 믿음의 영역에 속하는 사건입니다. 부활을 주장하는 것이 비합리적이며 부활을 반대하는 것이 합리적이라는 생각은 편견입니다. 그러므로 부활 사건으로 인하여 예수 사건을 믿지 못하겠다는 생각은 오해에서 비롯된 생각입니다.

---

46) 참고. 프랭크 모리슨, 『누가 돌을 옮겼는가?』(생명의말씀사, 2000).
    마이클 그린, 『예수님의 부활』(생명의말씀사, 1971).

예수 사건과 기쁨의 소식

예수 사건은 예수 그리스도의 십자가의 죽음과 부활을 포함하는 사건으로서 절망 가운데 빠졌던 모든 인간에게 희망을 주는 사건입니다. 무엇보다도 예수 사건 안에는 죄인을 의롭게 만드시는 하나님의 의로움의 사역이 있습니다. 예수 사건을 통하여 하나님의 의로움의 물결이 우리 영혼 가운데 차고 넘칩니다. 죄인을 의롭게 하시는 하나님의 구원 사역은 곧 예수 그리스도의 복음을 의미합니다. 나는 여기서 예수 그리스도의 복음이 무엇인지를 설명하고 싶습니다. 기독교 신앙은 예수 그리스도의 복음을 받아들이는 신앙이기 때문입니다.

복음이란 문자 그대로 좋은 소식 또는 기쁜 소식을 의미합니다. 복음이란 그저 밋밋하게 좋은 소식이 아닙니다. 예를 들어 대입 수학능력 시험을 치른 학생이 합격 여부에 대한 결과를 기다리고 있습니다. 그런데 학교에서 연락이 오기를 '수석 합격'이라는 통보가 왔습니다. 이것은 수험생의 복음입니다. 이제 이 학생의 가정에 있는 전화통에는 불이 날 것입니다. 친구들, 선생님, 친척들에게 전화가 갈 것이며, 축하의 전화가 올 것입니다.

어떤 환자가 대수술을 앞두고 있습니다. 의사는 수술 결과를 장담하지 못합니다. 가족들은 수술실에 들어가 있는 의사와 환자가 나오기만을 기다리고 있습니다. 다섯 시간 뒤에 의사가 얼굴에는 땀이 뒤범벅된 채 환한 표정을 짓고 나옵니다. "성공입니다. 수술이 성공적으로 끝났습니다. 당신의 어머니의 생명은 이제 안전합니다." 이것은 곧 환자의 복음입니다. 이것은 환자의 가족들에게 큰 기쁨을 안겨 주는 좋은 소식입니다.

복음이란 이러한 것입니다. 인생이 황폐하게 되는 것은 우리 인생에 복음이 부족하기 때문입니다. 복음은 그저 좋은 소식이 아니라 기쁨과 환희를 전달해 주는 좋은 소식입니다. 그런데 성경의 복음은 수험생의 복음이나 환자의 복음이 아닙니다. 성경은 예수 그리스도의 복음을 선포하고 있습니다. 예수 그리스도의 복음은 어떤 것입니까?

예수 그리스도의 복음은 수험생의 복음이나 환자의 복음과 같이 기쁨과 환희의 소식을 담고 있습니다. 하지만 예수 그리스도의 복음은 다른 복음들과는 달리 인생의 일부분에 관한 좋은 소식이 아니라 인생 전체에 관한 좋은 소식입니다. 조금 전에 우리가 언급한 어떤 학생이 수석으로 합격했을지라도 그가 대학생활 내내 좋은 성적을 얻고, 졸업 이후의 인생이 탁월한 인생이 된다는 보장은 없습니다. 수석의 복음은 그때의 복음일 뿐입니다. 우리가 언급한 환자가 비록 건강하게 되었으나 그렇다고 하여 그가 일평생 질병으로부터 자유로우리라는 보장은 없습니다. 더군다나 그가 이번에 죽음을 면했다고 해서 영원히 죽음을 피할 수 있는 것도 아닙니다. 그 당시의 복음은 그 당시에만 적용될 뿐입니다.

하지만 예수 그리스도의 복음은 그렇지 않습니다. 예수의 복음은 삶의 한 부분이나 한 시기에 걸친 좋은 소식이 아니라 우리 운명 전체에 걸친 좋은 소식입니다. 예수의 복음은 일시적인 좋은 소식이 아니라 일평생, 아니 영원에 걸친 좋은 소식입니다. 예수 사건을 경험한 사람은 그 운명이 바뀝니다. 누구든지 예수 그리스도의 복음 사건을 경험하는 사람은 결코 멸망하지 않으며 영원한 생명을 얻습니다.[47] 우리는 합격 이야기나 수술 이야기와는 달리 예수의 복음 이야기를 일평생에 걸쳐서 기뻐하며 전파하는데, 이는 예수 복음의 소식이 영원의 소식이기 때문입니다.

예수 그리스도의 복음이 이토록 비중 있는 것이라면 그것의 내용은 무엇입니까? 예수 복음의 내용은 "예수 그리스도가 우리를 위하여 이 세상에 왔고 십자가의 죽음을 죽었으며 부활했다"는 것입니다. 예수 사건이 곧 우리를 위한 사건임을 선포하는 것이 복음입니다. 왜 그렇습니까? 예수 사건은 곧 우리의 죄와 죽음의 문제를 해결하는 사건이기 때문입니다.[48]

복음이란 "예수가 나를 위하여 죽었고 부활했다"는 내용입니다. 여기서 '나를 위하여'가 무슨 뜻인지를 아는 것이 필요합니다. 모든 인간은 죄를 범한 죄인입니다. 하나님의 법칙에 따르면, 죄를 범한 사람은 모두가 형벌을 받아야만 합니다. 하나님은 비록 자비로운 분이지만 또한 정의로운 분입니다. 하나님은 자신이 스스로 세워둔 법칙을 존중하시는 분입니다.

우리가 죄를 지을 때 우리 속에는 누가 뭐라고 하지 않아도 죄책감(guilt feeling)이 있습니다. 이는 하나님께서 이미 세워두신 죄의 형벌이 있

---

47) "하나님이 세상을 이처럼 사랑하사 독생자를 주셨으니 이는 그를 믿는 자마다 멸망치 않고 영생(永生)을 얻게 하려 하심이라 하나님이 그 아들을 세상에 보내신 것은 세상을 심판하려 하심이 아니요 그로 말미암아 세상이 구원을 받게 하려 하심이라"(요한복음 3:16-17).
48) "예수는 우리가 범죄한 것 때문에 내줌이 되고 또한 우리를 의롭다 하시기 위하여 살아나셨느니라"(로마서 4:25).

기 때문입니다. 누가 보지 않았다고 하더라도 죄를 지은 사람의 마음에는 하나님의 형벌에 대한 두려움이 있습니다. 맥베드가 리어왕을 죽였을 때 칼에 묻은 피는 닦을 수 있었으나 자신의 마음에 묻은 피를 닦을 수는 없었듯이, 우리의 마음속에 있는 죄책감은 쉽게 닦여지지 않습니다.

우리의 마음은 하나님 앞에 섰을 때 마주치게 될 질문을 종종 생각합니다.

양심에 가책받는 죄를 어떻게 하는가?
거짓말한 죄를 어떻게 하느냐?
사랑하지 못한 죄를 어떻게 하느냐?
하나님을 섬기지 않고 살아온 죄를 어떻게 하겠는가?

이제 하나님의 법칙에 따르면 죄를 범한 모든 인간은 죄의 형벌을 받아야 합니다. 여기에 하나님의 안타까움이 있습니다. 하나님은 자신이 만든 피조물이 잘되기를 원하고 또 원하셨습니다. 하지만 인간은 모두가 죄를 범하고 말았습니다. 하나님은 죄인을 구원하기를 원하는 동시에 하나님께서 이미 세워두신 정의(正義)의 법칙을 존중하기를 원하셨습니다. 죄와 불의는 처벌받아야 한다는 법칙은 이미 하나님이 세우신 법칙이므로 하나님은 그 법칙을 존중하기를 원했습니다.

여기에서 하나님이 처한 입장은 양자택일의 곤경이었습니다. 하나님의 정의의 법칙을 존중하자니 그것은 자신의 피조물의 파멸을 의미하였습니다. 하나님의 사랑의 성품을 존중하자니 하나님의 정의의 법칙의 파기를 의미하였습니다. 이때 하나님은 피조물의 상상을 초월하는 방법을 취하기로 결정하셨습니다. 그것은 하나님 자신이 그 법칙의 희생자가 되는 길을 택하면서 자신의 피조물을 구원하는 길이었습니다.

박영덕은 『차마 신이 없다고 말하기 전에』에서 다음과 같은 비유를 들어 설명하고 있습니다.

"어느 왕국에 임금님이 나라를 망치는 범죄를 근절하고자 엄한 명령을 내렸다. '이제 새해 1월 1일부터 죄를 짓는 사람은 두 눈을 뽑아 버리겠다.' 이 법이 시행된 첫 날 제일 먼저 잡혀온 사람은 자기의 하나밖에 없는 아들이었다. 임금님은 고민한 끝에 이렇게 하기로 결심했다. 아들의 눈을 하나 뽑고 자기의 눈을 하나 뽑아 법을 지키면서도 사랑하는 아들이 장님이 되는 것을 막았다. 하나님은 바로 이런 방식으로 우리를 구원하셨다."[49]

하나님은 죄 없는 예수 그리스도를 보내어 모든 사람들의 죄를 대신 속죄하는 방법을 취하였습니다. 하나님은 인간이 스스로의 힘으로는 구제불능이라는 것을 아시고, 하나님의 아들을 사람으로 보내어 희생하게 함으로써 우리를 구원하기로 작정하였습니다.

여기에서 하나님의 입장은 치유 불가능한 환자를 고치기로 작정한 의사와 같았습니다. 하나님은 매우 특이한 의사가 되는 길을 택하였습니다. 하나님은 자신의 환자를 고칠 수 없게 되자 스스로 환자를 대신하여 죽는 길을 택하였습니다. 하나님의 입장은 도저히 변호할 수

---

49) 박영덕, 『차마 신이 없다고 말하기 전에』(한국기독학생회출판부, 1996), p. 53.

없는 범인을 앞에 둔 변호사의 입장이었습니다. 우리의 변호사는 피고를 변론할 수 있는 길이 없음을 깨닫게 되자 스스로 피고 대신에 죽음을 당하는 길을 택하였습니다.

예수는 죄인을 대신하여 자신이 그 죄를 대신 담당하는 길을 택하였습니다. 예수는 십자가의 죽음을 통하여 저주의 죽음을 당했습니다.[50] 예수 그리스도는 이제 저주의 죽음으로 인하여 사람의 죄를 대속(代贖)하는 화목(和睦) 제물이 되었습니다.[51] 이제 예수 그리스도로 인하여 이전에 단절되었던 관계가 회복될 수 있는 길이 열렸습니다. 예수와 연합하는 사람은 하나님의 의로움을 덧입을 수 있게 되었습니다.

예수가 이 세상에 오기 전에 인간에게 놓인 길은 오직 한 가지였습니다. 모든 인간은 자신의 죄의 값을 치르며 형벌을 받고 죽을 수밖에 없었습니다. 하지만 이제 예수로 인하여 인간 앞에 놓여진 길은 두 길 가운데 한 길이며, 어떤 길을 갈 것인가는 사람의 자유에 속한 문제입니다.

첫째의 길은 예수 안에 들어가지 않는 인간이 걷는 길입니다. 그것은 예수의 오심과 상관없이 죄의 형벌을 받고 죽음의 길을 가는 것입니다. 마치 예수가 탄생하지 않은 것처럼 예수와 아무런 관련 없이 인생을 사는 길입니다. 이러한 사람에게는 여전히 죄에 대한 책임(guilt)이 사라지지 않으며, 따라서 주관적인 죄책감(guilt feeling)도 없어지지 않습니다.

---

50) "그리스도께서 우리를 위하여 저주를 받은 바 되사 율법의 저주에서 우리를 속량하셨으니 기록된 바 나무에 달린 자마다 저주 아래 있는 자라 하였음이라"(갈라디아서 3:13).
51) "곧 하나님께서 그리스도 안에 계시사 세상을 자기와 화목하게 하시며 그들의 죄를 그들에게 돌리지 아니하시고…하나님이 죄를 알지도 못하신 이를 우리를 대신하여 죄로 삼으신 것은 우리로 하여금 그 안에서 하나님의 의가 되게 하려 하심이니라"(고린도후서 5:19, 21).

둘째의 길은 예수 안에서 예수와 함께 죄의 형벌을 당하고 십자가의 죽음을 경험하는 길입니다. 예수가 온 것으로 인하여 인간의 형벌이 전적으로 면제되는 것은 아닙니다. 다만 인간은 예수와 함께 그 형벌을 당함으로써 자신의 옛 자아(自我)는 죽게 되고 예수의 부활 속에서 새 생명을 받게 되는 것입니다. 이제 예수 안에 있는 자에게는 새로운 길이 열렸습니다. 이는 예수 그리스도의 십자가의 죽음과 부활 생명이 우리를 살리기 때문입니다. 이제 예수 안에 거하는 사람에게는 죄사함의 역사가 있으며, 의롭게 됨의 역사가 있습니다.

우리가 예수의 오심을 복음(곧 기쁨과 환희의 좋은 소식)이라고 외치는 것은 두 번째 길이 우리에게 열렸기 때문입니다. "미쁘다 모든 사람이 받을 만한 이 말이여! 그리스도 예수께서 죄인을 구원하시려고 세상에 임하셨다"(디모데전서 1:15). 여러분, 이 감격을 느낄 수 있습니까? "미쁘다. 이 말이여!" 예수 그리스도가 이 세상에 온 것으로 인하여 세상의 역사는 달라질 수밖에 없었습니다. 예수의 오심으로 인하여 우리의 인생은 달라질 수밖에 없습니다. 예수께서 오신 것은 우주와 역사의 전환점이며 우리 인생의 전환점이 되는 사건입니다. 만일 예수께서 사람의 몸을 입고 오시지 않았다면 인간의 역사와 우주의 역사는 하나의 거대한 공동묘지에 불과했을 것입니다.

예수 사건 안에는 하나님의 자력(磁力)의 법칙이 작용합니다. 하나님은 이미 중력(重力)의 법칙을 세워두셨습니다. 중력의 세계 속에서 무거운 것은 떨어지며, 날개를 잃어버린 새들은 추락할 수밖에 없습니다. 인간은 자신의 선택으로 죄를 지었으며 이는 날개를 잃은 새와 같이 된 것입니다. 이제 죄를 지은 영혼은 하나님 없는 세계로 떨어질 수밖에 없습니다. 하지만 하나님은 예수 안에서 막대한 희생을 치르면서 새로운 자력의 법칙을 세우셨습니다. 누구든지 예수와 연합하는 사람은 중력의 법칙 가운데 있는 죄의 형벌을 이길 수 있으며, 예수와 함께 의로움을 덧입고 하늘로 비상(飛翔)할 수 있습니다.[52] 이것이 우리가 전하는 예수 그리스도의 복음입니다.

유사(有史) 이래로 예수 사건의 능력을 체험한 사람들은 헤아릴 수 없이 많습니다. 그러한 체험들 가운데 하나로서, 나는 헨델의 메시야가 어떻게 탄생했는가를 묘사한 이야기를 하나 소개하고 싶습니다.[53]

1741년에 헨델은 산책하는 가운데 자신의 인생을 원망하고 있었다. 유망한 길을 달리고 있던 헨델은 반신마비의 병마에 시달려야 했고, 그로 인하여 절망으로 빠져들고 있었다. 가까스로 병마로부터 소생한 헨델은 다시 걸을 수는 있었으나, 질병의 절망 이상으로 그를 괴롭히는 인생의 절망으로 인하여 괴로워하고 있었다. 이제 작곡가로서 자신의 삶은 사형선고를 받았다고 생각하며 헨델은 절망 가운데 걷고 있었다. 그의 가슴 속 한 가운데서는 하나님을 향한 울부짖음이 용솟음쳐 올랐다. "하나님, 어찌하여 저를 이렇게 버리십니까?"

집에 돌아왔을 때, 헨델은 시인 제넨스로부터 우편물 한 묶음을 받았다. 그 속에는 제넨스의 시가 있었고, 이 시를 바탕으로

---

52) "너는 알지 못하였느냐? 듣지 못하였느냐? 영원하신 하나님 여호와, 땅 끝까지 창조하신 이는 피곤하지 않으며 곤비하지 않으시며 명철이 한이 없으시며 피곤한 자에게는 능력을 주시며 무능한 자에게는 힘을 더하시나니 소년이라도 피곤하며 곤비하며 장정이라도 넘어지며 쓰러지되 오직 여호와를 앙망하는 자는 새 힘을 얻으리니 독수리가 날개치며 올라감 같을 것이요 달음박질하여도 곤비하지 아니하겠고 걸어가도 피곤치 아니하리로다"(이사야 40:28-31).
53) 오천석 엮음, 「노란 손수건」(샘터, 2007).

곡을 하나 붙여달라는 요청이 있었다. 헨델은 치밀어 오르는 분노를 삼키면서 내뱉었다. "건방진 제넨스 녀석! 이류시인인 주제에 나에게 이러한 것을 부탁해!"

그러나 헨델이 제넨스의 시를 읽어가자, 그는 가슴 속에서 이해할 수 없는 안식과 기쁨을 느꼈다. 헨델이 다음의 구절을 읽어내려갔을 때, 그의 마음은 다시 소생하고 있었다.

"그는 우리를 위하여 버림을 받았다.
그는 우리를 위하여 저주를 받았다.
그가 너에게 안식을 주리라.
기뻐하라. 할렐루야."

그 이후 헨델은 24일 동안 식음을 거의 전폐하다시피 하면서 미친 듯이 작곡 활동에 몰두했다. 그것을 지켜보던 하인이 후에 말했다. "헨델 선생께서는 하늘나라의 문이 열린다고 소리쳤습니다."

헨델이 24일 동안 열중하여 작곡한 곡, "메시야"는 1742년 4월 13일 처음으로 공연을 앞두고 있었다. 헨델은 초연(初演)을 앞두고 말하기를, "메시야는 나를 절망으로부터 건져 주었다. 이제 그것은 온 세상의 희망이 되어야만 한다."

한 인간이 절망과 저주의 경험으로부터 그리스도로 인한 소생의 경험을 체험하고 썼던 메시야는 이렇게 해서 세상에 첫 선을 보이게 되었다. 후에 헨델의 메시야는 부활절 축하행사의 한 전통이 되었다. 헨델은 "성 금요일에 죽고 싶다"는 소원을 가졌다. 헨델은 그의 소원대로 1757년 4월 13일, 그를 절망으로부터 건졌고 그에게 새로운 삶을 주신 그분의 품으로 돌아갔다.

4. 예수 그리스도의 복음 **137**

동화(同化)시키는 의로움

지금은 내가 예수의 복음을 받아들였고, 심지어는 복음에 대한 책까지 저술하고 있지만, 예전에 나는 예수의 복음을 잘 받아들이지 못했습니다. 이 내용은 받아들이기에는 너무나 엄청난 내용(다른 말로는 '허풍')이었기 때문입니다. 이 모든 것이 그저 나의 의지와 관계없이 일어나기에는 너무나 좋은 내용(다른 말로는, '말이 안 되는 내용')이었기 때문입니다. 내게는 또 다른 의문도 있었습니다.

'하나님이 예수를 보고 나를 의롭게 여겨 준다. 좋은 일이지. 하지만 그것은 결국 하나님이 거짓말하는 것이 아닌가? 착한 일을 한 사람은 예수일 뿐 나는 아닌데. 물론 나를 좋게 봐 주는 것은 좋은 일이지만 나는 아직 죄인인데 뭘. 결국 하나님은 좋은 거짓말을 하는구먼.'

하지만 후에 나는 말씀 속에서 하나님의 의롭게 하심은 그저 공허한 메아리가 아님을 알게 되었습니다. 문제 해결의 돌파구는 하나님 말씀에 대한 새로운 이해가 내 속에서 잉태됨으로 인하여 생겼습니다. 하나님은 물론 예수로 인하여 나를 바라보시고 "너는 이제 의롭다!" 하고 말씀하십니다. 하나님은 내가 눈곱만큼이라도 나아지기 이전에 이미 예수를 보고 의로움을 선포하십니다.

내가 예수를 의지하고 예수 안에 들어갈 때 하나님은 "너는 이제 의롭다!"고 선포하십니다. 그런데 이 말씀은 사람의 말이 아니라 하나님의 말씀입니다. 이 말씀은 창조의 순간에 "빛이 있으라!"고 말씀하실 때 곧바로 빛이 있게 되었던 그 말씀이었습니다. 그러므로 하나님이 "의가 있으라!"고 말씀하실 때 그 말씀은 내 속에서 없던 의로움을 창조한다는 것을 나는 깨닫게 되었습니다.

나는 이 사건 속에서 하나님의 말씀은 창조적인 말씀이며, 하나님을 향한 나의 믿음은 창조적인 믿음임을 알게 되었습니다. 하나님이 의롭다고 말씀하시면 그 말씀은 내 속에 의로움을 창조합니다. 하나님의 말씀은 창조적인 말씀이기 때문입니다. 내가 하나님의 말씀을 믿음으로 영접하면 말씀은 나의 믿음을 통하여 내 속에서 의로움을 창조합니다. 하나님의 창조의 말씀을 향한 믿음은 창조적인 믿음이기 때문입니다.

나는 하나님의 말씀 속에서 내게 전달되는 예수의 의로움은 동화(同化)시키는 의로움임을 또한 깨닫게 되었습니다. 물론 나의 죄는 대단히 심각합니다. 내가 지금부터 선한 행동만 한다고 하더라도 지금까지 내가 범한 죄를 속죄할 수 없습니다.

하지만 예수 안에 있는 의로움은 하나님의 풍성한 의로움입니다. 나의 죄는 심각하지만 유한한 죄인 반면에 예수 안에 있는 하나님의 의로움은 무한한 의로움입니다. 하나님의 의로움은 의롭지 못한 존재들을 동화(同化)시키는 의로움입니다. 예수 사건 안에 있는 의로움은 접촉하는 것마다 의(義)로 바꾸어 놓는 의로움입니다.

나는 예수의 의로움이 내 존재의 근거가 되며 내 삶의 기초가 된다는 사실을 깨닫게 되었습니다. 예수의 의로움은 동화시키는 의로움입니다. 내 속에 아무런 의가 없음에도 불구하고 내가 믿음으로 예수를 영접한 뒤부터 예수의 의가 닿음으로 인하여 내 속에 의로움이 싹트기 시작하였습니다.

나는 후에 천국에서 하나님 앞에 서게 되었을 때, 하나님이 내게 "내가 너를 천국에 들여보내 주어야 할 이유가 무엇이냐?"라고 물으신다면 분명히 대답할 말을 알게 되었습니다. 나는 결코 "내가 선한 행동을 했기 때문에 나는 천국에 들어갈 수 있습니다"라고 대답할 수 없습니다. 이 말은 나의 행동 가운데 선한 것이 하나도 없다는 뜻이기보다는 (혹시 선한 것이 있다면) 내가 한 모든 선한 행동은 열매에 불과한 것임을 의미합니다.

그러므로 그 질문에 대해서 나는 다음과 같이 대답할 것이며, 나는 이렇게 대답할 수밖에 없습니다. "하나님, 감사합니다. 나는 하나님께서 예수 사건 안에서 베푸신 은혜로 인하여 천국에 들어갈 수 있습니다. 내가 천국에 들어갈 수 있는 것은 나의 선한 행동 때문이 아닙니다. 하나님이 이미 예수 안에서 나를 천국에 들여보내 주셨기 때문에 내가 선한 행동을 할 수 있었습니다. 나는 예수의 은혜에 감사드리며, 하나님의 구원의 은혜를 찬양합니다."

예수를 믿을수록 나의 죄가 심각하다는 것을 깨닫습니다. 나는 믿음을 갖고 난 뒤에야 예수를 십자가에 못 박은 사람은 다름 아니라 바로 나 자신임을 알게 되었습니다.

송명희 시인은 "우리의 어두운 눈이"라는 시를 통하여 이 사실을 표현하고 있습니다.

우리의 어두운 눈이 그를 미워했고
우리의 캄캄한 마음이 그를 몰랐으며
우리의 무지한 채찍질로 그를 내리쳤고
우리의 악독한 혀가 그를 정죄했으며
우리의 폭력의 손길이 그 몸 멍들게 때렸으며
살인자의 본받아 우리는 그를 찔렀소.
우리는 그를 죽였지만
우리는 그를 죽였지만
그는 살아나셨고, 우리의 악함을 벗기셨소.

비록 내가 죄를 범했지만 예수는 우리의 죄를 담당하신 하나님입니다. 나의 죄를 담당한 예수를 바라볼수록 그의 의로움이 엄청나다는 것을 깨닫습니다. 예수는 참으로 우리를 건져 주시며 우리를 깨끗케 하시고 새롭게 하시는 하나님입니다.[54]

나의 죄가 크지만 예수는 나의 죄를 담당하였고, 내게 의로움이 없지만 예수는 내 안에 없는 의로움을 창조하였습니다. 예수 사건 안에 있는 하나님의 의로움은 충만(充滿)한 의로움이어서 나의 모든 죄를 씻어냅니다. 예수 사건 안에 있는 하나님의 의로움은 가득한 의로움일 뿐만 아니라 또한 흘러 넘치는 의로움이어서 나의 존재를 거쳐서 내가 접촉하는 사람들조차도 의롭게 만들어 주는 의로움입니다.

성경에 나오는 많은 사람들이 예수의 동화(同化)시키는 의로움을 맛

---

[54] "보좌에 앉으신 이가 이르시되 '보라, 내가 만물을 새롭게 하노라' 하시고 또 이르시되 '이 말은 신실하고 참되니 기록하라' 하시고"(요한계시록 21:5).

보고 변화를 받았습니다. 대표적인 사람이 바울입니다. 바울이 예수 사건을 체험하지 못하고 살 때 그의 마음에는 평안이 없었습니다. 바울은 그리스도인이었던 스데반을 죽이는 데 가담하였고, 그 결과로 죄책감으로 인하여 괴로워하였습니다.

부활하신 예수는 바울을 불쌍히 여겼고, 다메섹 가는 길에서 바울에게 찾아갔습니다. 우리는 바울을 향한 예수의 음성 속에서 바울을 불쌍히 여기는 마음을 들을 수 있습니다. "사울(사울은 바울의 옛날 이름)아, 사울아, 네가 어찌하여 나를 박해하느냐? 가시채를 뒷발질하기가 네게 고생이니라"(사도행전 26:14). 예수는 무의미한 삶 가운데 괴로워하던 바울에게 새로운 삶의 비전을 제시해 줍니다.

바울: "주님 누구시니이까?"
예수: "나는 네가 박해하는 예수라. 내가 네게 나타난 것은
곧 네가 나를 본 일과 장차 내가 네게 나타날 일에 너로
종과 증인을 삼으려 함이니. 내가 너를 구원하여 그 눈
을 뜨게 하여 어두움에서 빛으로 사탄의 권세에서 하나
님께로 돌아오게 하고 죄 사함과 나를 믿어 거룩하게
된 무리 가운데서 기업을 얻게 하리라"(사도행전 26:15-18).

바로 여기에 바울을 향한 예수의 말씀과 마음이 있습니다. 이 사건을 통하여 예수는 바울에게 자신의 의로움을 선물로 주었습니다. 바울은 예수의 의로움을 거절하지 않았고, 그 믿음으로 인하여 죄 사함을 받았습니다. 이제 바울은 믿음을 통하여 의로운 사람이 되었을 뿐만 아니라 그는 가는 곳마다 다른 사람들을 의롭게 만들어 주는 사람

이 되었습니다.

믿음이란 예수 사건 속에 담긴 하나님의 의로움을 받아들이고 그 혜택을 입는 것을 의미합니다. 믿음이란 예수 사건 안에 나의 죄 사함이 있고, 예수 사건 안에 나의 의로움이 있음을 받아들이는 것입니다. 예수는 나를 대신하여 십자가의 죽음을 당했으며, 예수는 나를 위하여 다시 살아났습니다.[55]

송명희 시인은 예수의 대속의 은혜를 "너의 쓴 잔을"이라는 노래로 표현합니다.

> 너의 쓴 잔을 내가 마시었고
> 나는 너에게 단잔을 주었노라.
> 너는 나에게 나에게로 오라.
> 너의 쓴 잔을 받아든
> 나의 사랑을 거절하지 말고
> 너에게 주는 나의 단잔을 받아 마시라.
>
> 너의 근심을 내가 당하였고
> 나는 너에게 평안을 끼치노라.
> 너는 나에게 나에게로 오라.
> 너의 근심을 가져간
> 나의 은혜를 뿌리치지 말고

---

[55] "예수는 우리가 범죄한 것 때문에 내줌이 되고 또한 우리를 의롭다 하시기 위하여 살아나셨느니라" (로마서 4:25).

너에게 끼친 나의 평안을 받아 누리라.

너의 죽음을 내가 맛보았고
나는 너에게 생명을 베푸노라.
너는 나에게 나에게로 오라.
너의 죽음을 담당한
나의 희생을 물리치지 말고
너에게 베푼 나의 생명을 받아 살아라.
너의 죽음을 내가 맛보았고
나는 너에게 생명을 베푸노라.
너는 나에게 나에게로 오라.

믿음은 나를 위하여 십자가에 달리고 부활한 예수를 영접하는 것이며, 예수를 영접하는 가운데 예수 사건에 빨려 들어가는 것입니다.

월트 디즈니의 만화 영화 가운데 "알라딘"이라는 영화가 있습니다. 영화 가운데 "나를 믿어요?(Do you trust me?)"라는 대사가 두 차례에 걸쳐서 등장합니다. 첫째 대사는 자스민 공주가 거지 알라딘의 거처에서 왕의 군사에게 쫓기게 되는 장면에서 등장합니다. 왕의 군사들이 알라딘의 숙소를 덮칠 때 알라딘은 건물 아래로 뛰어 내리기 전에 공주의 손을 잡으면서 공주에게 묻습니다. "나를 믿어요?" 이때 공주는 "네"라고 대답하며 알라딘과 함께 위험에서 탈출합니다. 자스민은 알라딘을 믿음으로써 위험에서 빠져나오게 됩니다. 이때 믿음(trust)은 위험에 빠진 사람을 위험에서 건져 줄 때에 사용되는 출구(出口)가 됩니다.

둘째 대사는 자스민 공주가 알라딘과 함께 요술 양탄자를 타고 전 세계를 일주할 때 등장합니다. 자스민 공주는 양탄자 위에 타고 있던 아바바 왕자(알라딘)에게 묻습니다. "어떻게 그 위에 있을 수 있죠?" 그러자 알라딘은 "한번 타보실래요?" 하며 물으면서, 자스민 공주를 양탄자 위로 초대합니다. 알라딘은 다시 자스민에게 묻습니다. "나를 믿어요?(Do you trust me?)" 자스민 공주는 어디서 들은바 있었던 이 말에 의아함을 느끼며, "네"라고 대답합니다. 그들은 영화 속에 울려 퍼지는 "새로운 세계(A Whole New World)"라는 주제 음악을 타고 전 세계를 날아다니게 됩니다.

첫째의 믿음이 위험에서 빠져나오는 출구(出口)의 역할을 했다면 둘째의 믿음은 새로운 세계로 진입하는 입구(入口)의 역할을 합니다. 믿음은 지루하고 무의미한 일상의 생활에 지쳐 있던 자스민 공주에게 새 세계를 열어 주는 역할을 합니다.

믿음의 중요성은 "타이타닉"의 대사 속에서도 등장합니다. "타이타닉"을 본 사람이나 보지 않은 사람이나 모두가 기억하는 장면이 있습니다. 그것은 극중의 남자 주인공 잭(Jack)이 여자 주인공 로즈(Rose)의 허리를 잡으며 하늘을 나는 듯 한 모습을 보이는 장면입니다. 영화의 광고 포스터에 등장했던 이 장면은 모든 사람의 뇌리 속에 박혀 있습니다. 영화 속에서 잭은 로즈로 하여금 눈을 감게 합니다. 그리고 배의 난간에 오르게 하며, 양쪽 팔을 넓게 펼치도록 합니다. 일련의 행동들을 지시하는 가운데 잭은 말합니다. "나를 믿어요?(Do you trust me?)" 그때 로즈는 대답합니다. "네." 잭이 이제 눈을 뜨라고 말했을 때, 로즈는 탄성(歎聲)을 지르며 외칩니다. "내가 날고 있어요(I'm flying)."

믿음 가운데 눈을 떴을 때 로즈의 눈에는 새로운 세계가 펼쳐지고 있었습니다. 저 대서양 너머로 넘어가는 태양이 한눈에 들어왔으며, 바람 속에서 펼쳐지는 수평선은 로즈가 이전에 꿈도 꾸지 못했던 새 세계였습니다. 물론 이러한 세계는 로즈가 접하기 이전에도 거기에 존재했던 세계였습니다. 하지만 로즈가 믿음을 통해서 객과 하나 되지 못했을 때 그것은 자신과 아무런 관련이 없는 세계였습니다. 믿음은 이제 로즈의 바깥에 존재했던 세계를 로즈의 시야 속으로 넣어 주는 역할을 합니다. 믿음의 사건으로 인하여 로즈에게 항해는 무의미한 일상의 반복이 아니라 새로운 지평선을 향한 여정이 되었습니다. 이렇듯이 믿음이란 내 바깥에 존재하는 세계를 내 안의 사건으로 만들어 주는 역할을 합니다.

믿음 가운데 있을 때 우리는 예수 그리스도와 연합하며, 이 연합을 통하여 예수의 의로움과 생명을 비롯한 모든 것이 나의 삶 가운데 넘치게 됩니다. 종교개혁자 루터는 믿음의 역할을 다음과 같이 설명합니다.

결혼이 신부와 신랑을 연결시키듯 믿음은 인간의 영혼을 그리스도와 연결시킨다. 그리스도께서 가지신 모든 것이 믿는 영혼의 재산이 된다. 그리스도는 모든 축복과 영생을 소유하고 계신다. 이제 그리스도의 것이 믿는 영혼의 재산이 된다.

그리스도께서 신자의 모든 죄를 담당하신다. 그리스도가 믿음이라는 결혼을 통하여 신자의 죄를 담당하심으로써, 이제 신자의 죄는 그리스도 안에서 폐지된다. 그리스도의 무한한 의 앞에서 그 어떤 죄도 거하지 못한다. 이제 신자의 영혼은 믿음을 통하여 죄로부터 구출된다.

이제 신자의 영혼은 믿음을 통하여 그리스도의 영원한 의로 옷 입게 된다. "오, 행복한 결합이여!" 왕이며 제사장이신 그리스도께서 영광과 명예를 그리스도인에게 부어 주신다. 이 모든 명예를 가져다 준 것은 행위가 아니라 믿음이다.

바로 이것이 예수 그리스도의 복음이며 이 복음을 받아들이는 것이 기독교 신앙의 핵심입니다.

예수 사건과 믿음의 문제

우리는 앞에서 예수 그리스도의 의로움은 믿음을 통해서 내게 전달 된다고 하였습니다. 우리가 하나님의 구원의 은혜를 받는 것은 나의 행위(行為)로 인한 것이 아니라 믿음을 통한 것입니다. 우리는 믿음을 통하여 죄의 형벌로부터 자유롭게 되며, 온갖 종류의 축복을 맛보게 됩니다. 우리는 믿음 안에서 죽음과 절망을 이기는 생명과 소망을 얻게 되며, 인생의 무의미와 무기력함을 극복하는 하나님의 영광과 능력을 덧입게 됩니다. 이 모든 변화는 믿음을 통하여 우리에게 일어나는데, 그것은 우리를 예수 사건과 연결시키고 연합시키는 것은 믿음이기 때문입니다. 이러한 이유로 기독교 신앙은 행위를 강조하지 않고 믿음을 강조하는 것입니다.[56] 그런데 믿음에 대해서 많은 의문들이 있습니다. 여기서는 두 가지 의문에 대해서 생각해 보고 싶습니다. 어떤 사람은 기독교 신앙이 행위보다 믿음을 강조하는 것을 이해하지 못하고 이렇게 묻습니다.

---

56) "너는 그들에게 말하라 주 여호와의 말씀이니라 '나의 삶을 두고 맹세하노니 나는 악인의 죽는 것을 기뻐하지 아니하고 악인이 그의 길에서 돌이켜 떠나 사는 것을 기뻐하노라 이스라엘 족속아 돌이키고 돌이키라 너희 악한 길에서 떠나라 어찌 죽고자 하느냐' 하셨다 하라"(에스겔 33:11).

하나님이 믿음을 통해서 구원을 준다는 것은 불합리하다. 착한 사람이라도 믿지 않으면 구원을 얻지 못하고, 악한 사람이라도 믿으면 구원을 받는다는 것은 불공평하다. 그렇게 불공평한 하나님을 어떻게 믿을 수 있는가?

좋은 질문입니다. 소위 구원을 받는다는 그리스도인들도 사회의 지탄을 받는 경우가 있습니다. 그저 믿기만 하면 구원을 얻는다는 선포는 오늘날 의심을 받고 있습니다. 사람들은 대개 선한 행동을 한 사람이 구원을 받아야 한다고 생각합니다.

하지만 이는 구원이 무엇인지를 오해하고 있기 때문에 나오는 생각입니다. 구원(救援)이란 건져 냄을 받는 것입니다. 구원을 받아야 하는 사람은 수렁에 빠진 사람이며 노예 상태에 빠져 있는 사람입니다. 구원은 죄에 빠진 사람이 받는 것이지 선한 사람이 받는 것이 아닙니다. 만일 선한 사람이 있다면 그는 구원을 받을 필요가 없습니다.

하지만 인간 가운데 정말로 선한 사람이 있습니까? 만일 하나님이 선한 사람에게 상급(賞給)으로 천국을 준다고 하더라도 하나님 앞에 선한 사람이 있습니까? 도대체 얼마나 선해야 선하다고 말할 수 있을까요? 대부분의 사람들의 성품은 결국 도토리 키재기에 불과합니다. "나는 다른 사람과는 비교할 수 없을 정도로 선하다"라고 말할 수 있는 사람은 아마 없을 것입니다. 만일 그렇게 말하는 사람이 있다면 그 사람은 또 다른 문제(겸손함의 문제)에 걸리게 될 것입니다.

상대적으로 더 나은 사람이 있는 것은 사실입니다. 하지만 이것도 생각해 보면 절대적인 장점이 되지 못합니다. 대개 성격이 좋은 사람은 어린 시절부터 좋은 부모님을 만났고 좋은 교육을 받은 사람입니다. 가정에서 좋은 교육을 받았으며, 학교에서도 좋은 환경을 갖고 있었습니다.

대개 좋지 않은 성품을 갖게 된 사람들은 어려운 환경에서 자라난 사람입니다. 자신의 삶을 영위하기 위하여 어쩔 수 없이 지독한 성품을 가질 수밖에 없었던 사람이 생각보다 많이 있습니다. 우리가 선택할 수만 있었다면, 누가 좋은 부모님의 슬하에서 태어나고 싶지 않았겠습니까? 누가 좋은 환경을 가지기를 원치 않았겠습니까? 인간은 골라서 태어난 것이 아니라 결국 던져진 것입니다. 그런데 만약에 하나님이 소위 (상대적으로) '선한 사람'에게 천국의 상급을 준다면 그것은 매우 불공평한 일이 될 것입니다.

반면에 믿음이란 모든 사람에게 열려 있는 선택입니다. 누구든지 예수 그리스도를 믿고 영접하기만 하면 구원을 얻을 수 있습니다. 지금 현재의 상황이 어떠하든지 간에 믿는 사람은 구원(건져 냄)을 받을 수 있습니다. 이는 하나님의 능력이 크고 은혜가 놀랍기 때문입니다.

아무리 형편없는 인격을 가진 사람이라고 할지라도 믿음을 갖고 하나님 앞에 나아오면 하나님은 그 사람을 건져 주십니다. 그 사람을 받아주시고 그 사람의 죄를 용서해 주십니다. 하나님은 그 사람 안에 예수 그리스도의 의로움을 심어 주십니다. 이것이 구원의 은혜(恩惠)입니다. 처음에는 비참한 인격의 사람이라고 할지라도 하나님의 구원의 은혜로 인하여 처음과는 비교할 수 없을 정도로 훌륭한 사람으로 변화될 수 있습니다.

기독교 역사에서 가장 뛰어난 신앙인 가운데 한 사람은 성 프란시스였습니다. 마쎄오의 질문에 대답하는 프란시스의 대답 속에서 우리는 하나님의 은혜가 얼마나 놀랍게 사람을 변화시키는지를 알 수 있습니다.

>   마쎄오 : "당신은 귀족 가문도 아니며, 학식이 뛰어나지도 않
>   고, 용모가 수려하지도 않은데, 어째서 세상 사람들
>   이 당신을 보기를 원하며 당신을 따르려고 애쓰는
>   것일까요?"
>   프란시스 : "그대는 그 이유를 알고 싶소? 그것은 가장 높이
>   계신 분의 시선이 그런 일을 보고자 의도하셨기
>   때문이라오. 그분은 이 세상에서 죄인 중에서 가
>   장 죄인인 사람을 찾으셨오. 이 이상 더 죄인일 수
>   없는 사람, 그보다 더 자격 없을 수 없는 사람을
>   찾으셨던 것이오. 그분은 나보다 더 비천한 인간
>   을 찾으실 수 없었기 때문에 나를 택하셔서 자신
>   의 은혜를 드러나게 하기를 원하셨던 것이오."

어떤 사람은 하나님이 왜 굳이 믿음을 요청하는가에 대해서 질문합
니다. 믿음에 관한 두 번째 질문은 다음과 같습니다.

>   하나님이 공평하게 하기 위하여 자연적인 조건을 고려하지
>   않고 믿음을 고려한다는 것은 이제 납득하겠다. 누구든지 원하
>   면 믿을 수 있다는 것은 인정하겠다. 하지만 나는 아직도 모르겠
>   다. 왜 하나님은 우리에게 굳이 믿으라고 하는가? 믿음을 요구
>   하지 않고 그냥 모든 사람에게 구원을 주면 되지 않는가?

좋은 질문입니다. 하나님은 건져 주려면 모든 사람을 건져 주시지 왜 믿는 사람만 건져 주려고 하십니까? 이는 보편적이어야 할 하나님의 성품에 어긋나는 행동이 아닙니까? 나는 이 질문을 오랫동안 품고 있었습니다. 하나님이 어떤 조건을 달아두는 것은 하나님답지 않다는 생각을 했습니다.

그런데 이 질문은 내가 믿음의 성격을 충분히 알지 못했기 때문에 나온 질문이었음을 나중에 깨닫게 되었습니다. 물론 하나님은 모든 사람을 건져주시기를 원하십니다. "하나님은 모든 사람이 구원을 받으며 진리를 아는 데에 이르기를 원하시느니라"(디모데전서 2:4).

하지만 하나님의 구원은 언제나 사람의 믿음을 통과하게 되어 있는데, 이는 믿음이 통로의 성격을 갖기 때문입니다. 만일 우리가 보온병에 물을 집어넣기를 원한다면 우리는 뚜껑을 열고 물을 넣어야 합니다. 그런데 만일 우리가 인간의 존재 속에 하나님의 구원의 은혜를 집어넣기를 원한다면 우리는 어떻게 해야 합니까? 인간 존재에서 뚜껑 역할을 하는 것은 무엇입니까? 그것이 바로 믿음입니다.

믿음이란 사람이 자신의 존재를 열어 두는 것입니다. 하나님을 믿는 사람은 하나님을 향하여 자신의 존재를 열어 둡니다. 믿음의 본질은 외부로부터 들어오는 하나님의 은혜를 받아들이는 데 있습니다. 믿음이란 곧 능력을 받아들이는 능력입니다.

비유를 들자면, 믿음은 부엌에 있는 수도꼭지의 역할을 합니다. 어느 가정에나 수돗물은 이미 부엌에까지 들어와 있습니다. 그러나 수도꼭지가 닫혀 있는 집에는 수돗물이 나오지 않습니다. 수도꼭지가 수돗물을 만들어 내는 것은 물론 아닙니다. 수도꼭지는 수돗물을 전달할 뿐입니다. 수도꼭지는 어떤 의미에서 수돗물을 만들어 내기도

합니다. 만일 수도꼭지가 잠겨 있다면 수돗물은 집안으로 들어오지 않을 것입니다.

믿음도 이와 같습니다. 믿음은 우리의 구원을 만들어 내지 못합니다. 하지만 우리가 믿음으로 협조한다면 우리는 구원의 은혜를 받을 수 있습니다. 어떤 제한적인 측면에서 우리는 믿음이 은혜를 만들어 낸다고도 말할 수도 있습니다. 모든 사람을 향한 하나님의 은혜는 동일합니다. 하나님은 어느 사람에게나 풍성한 구원의 은혜를 베풀어 주십니다. 하지만 믿지 않는 사람은 하나님의 은혜를 받을 수 없습니다.

우리는 무엇을 받든지 믿음을 거쳐서 받습니다. 이것은 우주의 질서입니다. 우리는 하나님으로부터 지혜를 받을 때에도 믿음을 통해서 받습니다. 우리는 하나님으로부터 능력을 받을 때에도 믿음을 통해서 받습니다. 우리는 하나님으로부터 구원을 받을 때에도 믿음을 통해서 받습니다. 우리는 하나님으로부터 영광을 받을 때에도 믿음을 통해서 받습니다. 그러므로 받는 사람의 입장에서 믿음은 대단히 중요합니다. 우리(받는 사람)의 입장에서 보면 은혜를 받느냐 받지 못하느냐의 문제는 철저하게 믿음의 문제입니다. 하나님은 겨자씨만한 믿음만 있다고 하더라도 우리를 구원해 주겠다고 약속하셨습니다.

믿음의 중요성은 아무리 강조해도 지나치지 않습니다. 만일 하나님이 능력이 부족하거나 우리를 도울 의사가 없다면 우리는 믿음만을 갖고는 구원을 받을 수 없을 것입니다. 우리가 하나님을 도와서 최선의 노력을 기울이지 않는다면 우리는 우리의 곤경에서 벗어날 수 없습니다. 하지만 하나님이 진정으로 능력을 갖고 있고 우리를 도울 의사도 있다면 우리의 문제는 믿음의 문제일 수밖에 없습니다.

반면에 하나님이 아무리 능력이 크고 우리를 돕기 위하여 우리에게 많은 것을 주어도 우리에게 믿음이 없다면, 즉 우리가 하나님을 향하여 우리 자신을 열어 두지 않으면 우리는 아무 것도 받을 수 없습니다. 믿음은 통로의 역할을 하기 때문입니다.

그러므로 예수께서는 믿음이 없음에 대해서 언제나 탄식하고 꾸짖으셨습니다. 우리는 성경에서 다음과 같은 내용을 발견하지 못합니다. "야, 너는 그렇게 공부를 못해서 앞으로 무엇을 하겠느냐?" "애야, 너는 그렇게 게을러서 앞으로 무엇이 되겠느냐?" 예수께서 공부 못하는 것과 게으른 것 때문에 제자들을 탓한 적이 없습니다.

예수께서는 사람들을 잘 꾸짖지 않으셨습니다. 예수께서 제자들을 꾸짖거나 제사장이나 군중들을 책망한 때가 있었다면 그것은 거의 예외 없이 믿음이 없기 때문이었습니다. 이는 우리의 하나님이 전능하신 하나님이며, 우리를 도우시는 하나님이기 때문입니다. 하나님은 오늘도 우리를 돕기를 원하십니다. 하지만 우리의 불신앙으로 인하여 하나님의 능력은 우리의 내적인 존재 속으로 들어오지 못하고 있습니다.

성경이 믿음을 강조하는 것은 바로 이러한 이유 때문입니다. "믿음이 없이는 하나님을 기쁘시게 하지 못하나니 하나님께 나아가는 자는 반드시 그가 계신 것과 또한 그가 자기를 찾는 자들에게 상 주시는 이심을 믿어야 할지니라"(히브리서 11:6). 하나님이 믿음을 강조하시는 것은 하나님이 편벽되기 때문이 아닙니다. 우리가 자유의지를 가진 인간이기 때문이며 하나님이 우리를 사랑하시기 때문입니다.

나는 이 문제에 관련하여 일화(逸話)를 갖고 있습니다. 예전에 학교에서 학생들에게 기독교개론을 가르치던 중이었습니다. 나는 당시에 학생들에게 '아멘'의 의미에 대해서 설명해 주었습니다.

"여러분, 기독교 신앙에서 '아멘'이라는 단어는 동의를 나타낼 때 사용되는 말입니다. '아멘'이란 상대방의 말에 대해서 '그렇습니다. 내가 동의합니다.' 하는 뜻입니다. 특별히 하나님의 말씀에 대해서 나의 동의를 표시할 때 교회에서 '아멘'이라는 단어를 사용합니다. 내가 여러분에게 말씀드리는 내용에 대해서 동의하면 '아멘' 하십시오. 그러나 동의하지 않으시면 '아멘' 하고 말하실 필요가 없습니다. 다만 다른 사람이 하는 것을 방해만 하지 않으면 됩니다."

나는 이렇게 말한 뒤에 학생들을 향한 하나님의 뜻을 전해 주었습니다. "하나님은 여러분을 진정으로 사랑하십니다. 우리가 서로 사랑하면서 사는 것이 우리 인간들을 향하신 하나님의 뜻입니다." 내가 이렇게 말하자 아멘을 하는 학생도 있었고 잠자코 가만히 있는 학생도 있었습니다. 나는 마지막에 "'아멘'이라고 말한 사람들에게 하나님의 축복이 임하기를 바랍니다"라고 말했습니다.

문제는 그 뒤에 발생했습니다. 어떤 학생이 후에 강의평가서에 이 '아멘'에 관한 것을 언급했습니다. "선생님이 아멘을 강제적으로 시키는 것은 아니기 때문에 나는 이것을 문제 삼지는 않겠습니다. 하지만 나에게는 질문이 있습니다. 하나님이 축복을 주려면 다 주지 왜 '아멘'이라고 말한 사람에게만 주는지 이해할 수 없습니다. 선생님이 마지막에 아멘을 한 사람에게만 축복이 이루어지기를 바란다고 말했을 때에는 조금 섭섭한 생각이 들었습니다. 어쨌든 다음부터는 '이번에 아멘 하지 않은 사람도 후에 아멘 하는 축복이 있기를 바랍니다' 라는 말을 덧붙였으면 좋겠습니다."

나는 학생의 글을 읽고 생각해 보았습니다. 하나님은 정말 아멘 하는 사람에게만 축복을 주실까? 아닙니다. 하나님은 실은 모든 사람에게 복을 주십니다. 하나님은 사람을 가려서 복을 주시는 분은 아니기 때문입니다. 하지만 하나님의 축복은 내가 아멘 할 때 내 속으로 들어옵니다.

같은 종(鐘)이라고 하더라도 언제나 같은 소리가 나는 것은 아닙니다. 종소리는 언제나 때리는 자의 힘에 응분(應分)하여 울려 퍼지기 때문입니다. 하나님은 오늘도 모든 사람에게 축복을 주시기를 원합니다.

하지만 아멘을 하지 않는 사람은 그 축복을 받을 수 없습니다. 하나님의 축복은 언제나 나의 동의(同意)를 거쳐서 내 속에 들어오기 때문입니다. 이는 인간이 지정의(知情意)를 가진 인격적 존재이며 자유의지를 가진 존재이기 때문입니다.

인간에게 있어서 지정의(知情意)는 스펀지의 역할을 합니다. 지적인 동의, 정서적인 감동, 의지적인 소원이 하나님의 축복을 받아들일 때 스펀지가 물을 빨아들이듯이 인간의 내적인 존재는 하나님의 축복을 빨아들이는 것입니다. 그러므로 아멘은 하나님의 축복을 받아들이는 데 필수적입니다.

이는 아멘이 하나님의 축복을 생산하기 때문이 아니라 아멘이 하나님의 축복을 유통하기 때문입니다. 하나님의 축복이 아무리 넘치더라도 아멘 하지 않는 심령 속에는 한 방울의 축복도 들어갈 수 없습니다. 아무리 장대비가 내려도 그릇이 뒤집혀 있으면 한 방울도 그릇에 담길 수 없는 것과 같은 이치입니다.

인생의

무의미를

논하기 전에

5. 우리를 향한
하나님의 부르심

우리를 향한 하나님의 부르심

기독교 신앙은 "우리가 왜 지음을 받았는가?"라는 질문에 대해서 답변을 시도합니다. 하나님이 우리를 지으신 것은 어떤 목적을 위함입니다. 그 목적은 하나님 안에 있는 탁월한 속성과 성품을 옮기기 위함입니다. 바울의 기도 제목을 인용하자면, 하나님의 모든 충만하신 것으로 우리 안에 충만하게 하기 위해서 우리를 지으셨다는 것입니다.[57]

어떤 사람이 불평하면서 말하는 것을 듣는 경우가 있습니다. 그는 자신이 과거에 당한 일이 많기 때문에 사람을 믿기가 어렵다고 말합니다. "내가 과거에 한두 번 속았어야지!" 그분의 심정에서는 이해가 되는 일입니다. 하지만 그는 이렇게 말함으로써 우리에게 자신의 과거를 옮기고 있는 것입니다.

성경에 따르면, 우리가 지음을 받은 까닭은 우리의 과거나 환경을 옮기는 것이 아니라 하나님 안에 있는 탁월한 속성과 성품을 옮기게 하기 위함이라는 것입니다. 물론 우리가 과거나 환경에서 전적으로

---

57) "능히 모든 성도와 함께 지식에 넘치는 그리스도의 사랑을 알고 그 너비와 길이와 높이와 깊이가 어떠함을 깨달아 하나님의 모든 충만하신 것으로 너희에게 충만하게 하시기를 구하노라"(에베소서 3:18-19).

초월한 삶을 살 수 있다는 것은 아닙니다. 단지 우리의 과거나 환경은 재료의 역할을 수행하게 됩니다.

어려운 환경 속에서 하나님의 빛깔이나 하나님 안에 담긴 성품을 드러낼 수 있습니다. 그때 사람들이 묻습니다. "너는 어떻게 그런 환경에서도 그렇게 밝게 생활할 수가 있니?" "너도 힘이 많이 들 텐데, 어떻게 그렇게 다른 사람을 배려하는 마음을 가질 수 있느냐?" 이런 질문을 받게 될 때, 우리는 그 이유에 대해서 말할 수 있습니다. 사실 나도 원래 그런 사람이 되지 못했는데, 어떤 계기를 통해서 이러한 삶의 가능성을 접하게 되었고, 이제 옮기기를 시작하고 있다고 말할 수 있습니다. 이것이 바로 하나님께 영광을 돌리는 것이며, 하나님 안에 있는 속성과 성품을 옮기는 것입니다.

하나님은 우리를 창조하신 분이며 우리를 죄에서 구원하신 분입니다. 하나님은 오늘도 나를 사랑하는 가운데 내게 돌아오라고 말씀하십니다. 나는 예전에 우리를 향한 하나님의 사랑을 노래한 복음성가를 들었습니다. 그 제목은 "당신을 향한 노래"입니다.

당신을 향한 노래

아주 먼 옛날 하늘에서는 당신을 향한 계획 있었죠
하나님께서 바라보시고 좋았더라고 말씀하셨네
'이 세상 그 무엇보다 귀하게 나의 손으로 창조하였노라'
'내가 너로 인하여 기뻐하노라 내가 너를 사랑하노라'
사랑해요 축복해요 당신의 마음에 사랑을 드려요

성경은 하나님께서 우리를 향한 목적을 갖고 있다고 말합니다. 하나님은 아주 먼 옛날부터 당신을 향한 계획을 갖고 당신을 창조하셨다고 말합니다. 하나님은 당신을 지으시고 바라보시며, "참으로 좋다!"고 말씀하셨습니다.[58]

"세상의 그 무엇보다 귀하게 내가 너를 창조하였단다. 나의 손으로 너를 창조하였단다. 내가 너로 인하여 참으로 기뻐한단다. 나는 참으로 너를 사랑한다"

그런데 질문이 있습니다.

"하나님은 도대체 왜 세상을 창조하시고 나를 만드셨을까요? 무슨 이유로 나는 이 세상에 태어났습니까? 하나님은 무슨 목적을 위하여 천지를 만드셨고, 무슨 이유로 나를 구원하기 위하여 찾아오십니까? 나는 무슨 목적을 위하여 태어났으며 왜 굳이 구원을 받아야 합니까?"

이 질문에 대해서 올바로 대답하는 것은 매우 중요합니다. 왜냐하면 우리는 대체로 목적에 대해서 약한 모습을 보이기 때문입니다. 우리는 살면서 많은 물건들을 사용합니다. 우리가 사용하는 모든 물건들은 그 목적을 갖고 있습니다. 나는 여러 자루의 볼펜을 갖고 있는데 볼펜은 필기를 위하여 만들어졌습니다. 나의 가방은 책을 나르기 위

---

58) "야곱아 너를 창조하신 여호와께서 지금 말씀하시느니라 이스라엘아 너를 지으신 이가 이제 말씀하시느니라 너는 두려워하지 말라 내가 너를 구속하였고 내가 너를 지명하여 불렀나니 너는 내 것이라" (이사야 43:1).

하여 만들어졌습니다. 이처럼 모든 물건들은 그 목적을 갖고 있습니다. 하지만 문제는 내 자신에게 있었습니다. 내가 소유한 볼펜이나 가방은 그 존재 목적이 분명했습니다. 그런데 막상 볼펜이나 가방을 소유한 나의 목적은 무엇인지를 나는 오랫동안 알지 못했습니다.

내가 예전에 알지 못했던 것은 인간 존재의 목적은 인간보다 작은 것들 안에서는 발견되지 않는다는 사실입니다. 나는 나보다 작은 것들을 내 인생의 목적으로 놓고 달려왔습니다. 나는 그 목적을 위하여 열심히 노력하였고 그 목적은 성취되기도 하였습니다. 하지만 막상 그 목적이 성취되자 그것은 곧 내게 지루함과 권태로 다가왔습니다. 내가 그 성취 속에서 만족을 발견할 수 없었기 때문이며, 내가 그것의 성취를 위하여 창조되지 않았기 때문이었습니다. 이러한 일들이 반복되자, 나는 심지어 목적을 성취한 순간보다 차라리 목표가 성취되지 않고 그저 노력만 하는 때가 더 행복하다는 생각까지 하게 되었습니다.

내 인생의 목적은 나보다 작은 것들 속에서 발견되지 않는다는 것을 깨닫는 데 나는 많은 시간을 보내야 했습니다. 나는 내 존재 목적이 대학, 직장, 성공 등에 있지 않다는 것만 알았을 뿐 내 목적이 어디에 있는지는 알지 못했습니다. 그러면 나의 존재 목적은 어디에 있습니까?

성경에 따르면, 인간 존재를 향한 하나님의 목적은 하나님의 영광의 유통(流通)입니다. 나는 이것이 무엇을 의미하는지 설명하기를 원합니다. 이것은 단지 설명인 동시에 증언(證言)입니다. 나는 여기서 나의 생각을 펼칠 뿐만 아니라 내가 직접 경험하고 체험한 것을 증언하기를 원합니다.

하나님께서 나를 창조하셨다는 것은 하나님이 시간과 공간 안에 나의 생명을 두셨다는 것을 의미합니다. 하나님은 태초에 시간과 공간을 창조하셨고 시간과 공간 가운데 하늘을 두셨고 땅을 두셨으며 에덴 동산을 두셨습니다. 하나님은 또한 나무를 두시고 동물을 두시고 인간을 두셨습니다. 내가 태어났다는 것은 하나님에 의하여 시간과 공간 안에 내 존재가 두어졌음을 의미합니다.

하나님은 나무 안에는 나무의 생명을 두셨고, 사람 안에는 사람의 생명을 두셨습니다. 나무는 나무의 생명에 따라서 자라 가며 꽃을 피우고 열매를 맺는 일을 맡았습니다. 만일 하나님이 나무의 생명을 거두어 가시면 나무는 나무가 아니라 흙의 일부로 돌아가게 됩니다. 하나님은 사람 안에는 사람의 생명을 두셨습니다. 하나님이 사람의 생명을 거두어 가시면 사람은 다시 흙의 일부로 돌아가게 됩니다.

여기서 문제는 "하나님은 무슨 목적을 위하여 내 존재 속에 사람의 생명을 두셨는가?"입니다. 하나님은 하늘과 궁창을 통하여 하나님의 영광을 반사(反射)하고 유통(流通)하게 하셨습니다. 기본적으로 하나님은 인간에 대해서도 하나님의 영광을 반사하고 유통하기를 바라십니다. 단지 하나님이 내게 바라시는 것은 사람에게 합당한 방식으로 하나님의 영광을 반사하는 것입니다.

하나님은 인간이 하나님의 영광화의 운동 속에 참여함으로써 하나님의 성품을 닮아가며 하나님의 영광을 반사하도록 창조하셨습니다. 인간 존재의 목적은 하나님의 영광을 유통하는 데 있는 것입니다. 믿음이란 하나님의 영광, 하나님의 말씀, 하나님의 사랑, 하나님의 의로움, 하나님의 생명, 하나님의 거룩함을 유통하는 행위입니다.

인간에게 죄(罪)란 하나님의 이러한 운동 속에 참여하지 않으며, 하나님의 영광을 유통하지 않는 것입니다. 믿음이 하나님 영광의 유통(流通)이라면, 죄란 하나님 영광의 불통(不通)입니다. "모든 사람이 죄를 범하였으매 하나님의 영광에 이르지 못하더니"(로마서 3:23). 하나님의 영광을 유통하지 못할 때 인간의 모든 삶은 메마르게 되며, 인간의 존재는 궁핍함 가운데 빠집니다.

인간은 아담과 하와의 범죄 이후로 하나님의 영광화의 운동에 온전히 참여하지 못했습니다. 하나님의 영광화의 운동에 참여하지 못할 때, 인간은 자신 안에 불충분한 자원으로 인하여 다른 사람들을 올바로 사랑하지 못했고 사랑할 수도 없었습니다. 인간은 자신 안에 있는 결핍으로 인하여 의로운 삶을 살지 못하였으며 의롭게 살 능력도 없었습니다.

하지만 하나님은 하나님을 거역한 인간을 매정하게 처벌하지 아니하고 인간에게 새로운 길을 열어 주셨습니다. 이제 하나님의 영광이 말씀을 통하여 사람들 가운데 육신의 모습으로 드러났습니다. "말씀이 육신이 되어 우리 가운데 거하시매 우리가 그의 영광을 보니 아버지의 독생자의 영광이요 은혜와 진리가 충만하더라"(요한복음 1:14). 누구든지 육신이 되신 말씀, 곧 예수 그리스도를 받아들이면, 하나님의 영광의 흐름 속에 참여합니다. 그때 우리는 하나님의 영광의 운동 속에 들어가며, 하나님의 영광은 인간 존재 속에 전달됩니다.

인간에게 전달된 하나님의 영광은 인간의 내면적 존재를 관통하고 지나갑니다. 이제 구체적인 질문은 "인간은 어떻게 하나님의 영광을 반사하고 유통할 것인가?"입니다. 인간의 존재는 하나님처럼 인격을 지닌 존재입니다. 그러므로 인간에게 합당한 방식은 언제나 인간의 지성, 감정, 의지를 통과하는 방식입니다. 하나님의 영광은 단지 해가 거울에 반사되듯이 반사되는 것이 아니라 인간의 내면적 정신, 감정, 의지를 거쳐서 유통됩니다. 이는 인간이 지정의(知情意)를 가진 인격적인 존재이기 때문입니다. 하나님의 영광은 인간의 생각에 흔적을 남기고, 인간의 감정에 사랑을 남기며, 인간의 의지 속에 소원을 뿌려 둡니다.

하나님의 영광은 인간의 존재를 통과하는 가운데 인간의 생명을 꽃피게 만들며, 인간의 존재를 하나님의 성품으로 동화시킵니다. 하나님의 영광이 내 존재를 흐르며 꿰뚫고 지나가도록 하나님은 나의 존재를 창조하셨습니다. 하나님의 영광이 내 존재를 꿰뚫고 지나가자 파편으로 흩어져 버렸던 나의 삶은 그 의미를 다시 획득하기 시작했습니다. 하나님의 영광을 보자 나의 눈은 생기를 회복하였습니다. 하나님의 영광이 나의 경험을 꿰고 지나가자 마치 흩어졌던 구슬들이 하나의 실에 의하여 꿰어지듯이 내 파편적인 경험들이 하나님을 향하여 꿰어졌습니다. "구슬이 서말이어도 꿰어야 보배"라는 속담이 그토록 실감 있게 느껴진 적은 없었습니다.

나무가 하나님의 생명을 받으면 싹이 피고 잎사귀가 돋으며 꽃이 피고 열매가 맺힙니다. 인간이 하나님의 생명을 받으면 그 영혼이 꽃 피기 시작하며 열매를 맺기 시작합니다. 영혼의 꽃이 얼마나 아름다우며 영혼의 열매가 얼마나 아름다운지 보셨습니까? 외적인 자연의 아름다움도 우리 눈에 황홀할 정도로 눈이 부시거늘 내적인 영혼의 아름다움은 우리를 얼마나 흥분시키겠습니까? 우리가 하나님의 영광을 유통하게 될 때 우리는 사람의 아름다움을 보게 되며, 사람의 아름다움을 드러내게 됩니다. 하나님은 자신의 영광을 우리 영혼 속에 유통시키기 위하여 우리를 창조하셨습니다.

나는 지금까지 내가 증언한 것을 "하나님의 영광화(榮光化)의 운동"이라는 개념을 활용하여 더욱 분명하게 설명하고 싶습니다. 하나님의 영광화의 운동이란 하나님의 영광이 세계 만방에 널리 드러나고 인간의 영혼 가운데 울려 퍼지는 운동을 의미합니다. 하나님의 영광은 하나님으로부터 모든 피조물에게 전달되고, 인간을 관통한 뒤에, 인간을 거쳐서 다시 하나님께로 돌아갑니다.

"이는 만물이 주에게서 나오고 주로 말미암고 주에게로 돌아감이라 그에게 영광이 세세에 있을지어다"(로마서 11:36).

"나는 알파(Alpha)와 오메가(Omega)요 처음(Arche)과 마지막(Telos)이요 시작(Protos)과 마침(Eschatos)이라"(요한계시록 22:13).

여기서 하나님의 영광이란 두 단계를 밟으면서 확산됩니다. 첫째, 하나님의 영광이란 하나님께서 세계의 창조 이전부터 갖고 계시는 "하나님 성품의 무한한 완전성"(사랑, 의로움, 생명, 거룩함)을 뜻합니다. 하나님의 영광은 세계(천지, 세상, 만물)보다 훨씬 더 오래된 것입니다. 하나님의 영광은 천지의 창조 이전부터 하나님 안에 있던 것이었습니다. 첫째의 영광은 알파(Alpha)의 영광이요, 처음(Arche)의 영광이요, 시작(Protos)의 영광입니다.

둘째, 하나님의 영광이란 "하나님의 성품의 무한한 완전성"이 피조물을 향해서 퍼져 나가는 가운데 피조물을 변화시키고 다시 하나님께로 되돌아 온 영광을 뜻합니다. 둘째의 영광은 오메가(Omega)의 영광이요, 나중(Telos)의 영광이요, 끝(Eschatos)의 영광입니다. 하나님의 영광은 언제나 첫째의 영광에서 둘째의 영광을 지향하는데, 하나님의 영광이 계속 확산되는 것을 우리는 하나님의 영광화(榮光化)의 운동이라고 부릅니다.

내가 지음을 받은 것은 하나님 안에 있는 탁월한 속성과 성품을 옮기는 가운데 하나님의 영광의 유통자가 되기 위해서였습니다. 하나님의 성품을 유통하기 위하여 모든 피조물은 창조되었고, 나의 존재도 그 가운데 포함되었습니다. 하나님은 내가 하나님의 영광을 반사하도록 나를 창조하셨습니다. 내 존재의 목적은 하나님의 영광을 유통하는 데 있는 것입니다. 웨스트민스터 신앙고백은 인간의 창조 목적을 다음과 같이 가르칩니다.

> 문: 사람의 제일 되는 목적이 무엇입니까?
> 답: 사람의 제일 되는 목적은 하나님을 영화롭게 하며, 그를 영원토록 즐거워하는 것입니다(웨스트민스터 신앙고백 소요리문답 1번).

하나님은 이사야 선지자를 통하여 인간의 창조 목적을 다음과 같이 선포하십니다.

> "이 백성은 내가 나를 위하여 지었나니 나를 찬송하게 하려 함이니라"(이사야 43:21).

그렇습니다. 나는 하나님의 노래가 되기 위하여 창조되었습니다. 하나님은 나로 하여금 하나님의 찬송이 되게 하기 위하여 나를 지으셨습니다. 하나님의 영광이 나를 꿰뚫고 지나갈 때 나는 하나님의 노래를 부르게 됩니다. 나를 향한 하나님의 목적은 내 존재가 '하나님의 찬송'이 되는 것이었습니다. 하나님의 영광이 내 속에 거할 때 내가 노래를 부르지 않는 것은 불가능합니다. "이스라엘의 찬송 중에 계시는 주여 주는 거룩하시니이다"(시편 22:3).

내 존재를 향한 하나님의 계획은 하나님의 영광과 부요함으로 내 존재를 충만하게 채우고, 나로 하여금 하나님의 영광과 부요함을 노래하게 하는 것입니다. 내게 영광의 빛을 비춰 주시는 하나님은 폭포를 만드신 하나님입니다. 폭포를 만드신 하나님께서 내게 영광의 빛을 비춰 주실 때 그 사랑을 내 존재 속에 감추어 두는 것이 가능하겠습니까? 그것은 불가능합니다.

하나님은 자신의 피조물이 생명의 노래를 부르기를 원하십니다. 하나님은 인간이 생명의 노래를 부르도록 생명을 아낌없이 부어 주기를 원하십니다. 인간이 사망의 노예에서 벗어나 하나님의 생명을 꽃 피우기를 원하시기 때문입니다.

하나님은 자신의 피조물이 사랑의 노래를 부르기를 원하셨습니다. 하나님은 사랑의 노래를 부를 수 있도록 인간에게 사랑의 재료를 주었고 사랑의 화음을 주었습니다. 인간을 만들고 자신의 사랑을 부어 주기를 원했습니다. 하나님의 사랑이 인간의 모든 부분을 가득 채워서 인간을 사랑의 존재로 만들기를 원했습니다.

하나님은 인간에게 사랑을 넘치도록 부어 주기를 원하십니다. 인간을 가득 채우고 넘친 하나님의 사랑이 다시 돌아옴으로써 인간 존재가 하나님의 사랑의 성품을 노래하는 찬송이 되기를 원했습니다. 인간이 사랑 받고 사랑함으로써 하나님의 사랑의 유통자가 되기를 원하시기 때문입니다.

하나님은 사랑뿐만 아니라 하나님의 모든 것(온유함, 기쁨, 의로움, 거룩함, 능력)을 사람에게 주고 유통하기를 원하십니다. 인생에 대한 하나님의 목적은 "하나님의 모든 충만하신 것"으로 "충만하게" 하는 것(에베소서 3:19)이며, 우리들로 하여금 "신(하나님)의 성품에 참여하는 자(베드로후서 1:4)"가 되게 하는 것입니다. 인간은 하나님의 놀라운 성품들을 유통함으로써 하나님의 성품에 참여하는 자가 되기 위하여 창조함을 받은 것입니다. 바로 이것이 창조의 목적이며, 바로 이것이 내 삶의 목적입니다.

나는 지금까지 설명한 것을 시(詩) 하나를 인용함으로써 표현하고 싶습니다.

당신께 드리는 생일 선물입니다

당신은 사랑받기 위하여 태어났어요.
이 한 마디 당신에게 드리는 생일 선물입니다.
미역국을 먹으며
예쁘게 장식된 생일 케이크를 자르며
"당신은 사랑받기 위하여 태어났어요."
이 한 마디 당신께 드립니다.

그리고 더 귀중한 또 한 마디
"당신은 사랑하기 위하여 태어났어요."
당신이 사랑받은 만큼
그보다 더 많이

"당신은 사랑하기 위하여 태어났어요."
당신이 태어나서 오늘까지
또 영원히

당신을 지극히 사랑하는 가족과 친구, 그리고 이웃들
그중에 당신을 섭섭하게 한 사람들까지
"당신은 사랑하기 위하여 태어났어요."
이 한 마디 진정
당신께 드리는 생일 선물입니다.

"당신은 사랑받고, 사랑하기 위하여 태어났어요."

우리는 사랑받고 사랑하기 위하여 태어났습니다. 우리의 존재 속에 생명을 두신 하나님은 이제 우리의 존재 속에 사랑을 두기도 원하십니다. 우리가 받아야 할 사랑은 단지 인간의 사랑만이 아닙니다. 인간의 사랑은 많은 경우에 우리 자신을 사랑하기보다는 우리를 둘러싼 조건과 환경을 사랑합니다. 하나님은 우리를 둘러싼 조건을 사랑하는 것이 아니라 우리 자신을 사랑하십니다. 우리의 조건을 사랑하는 사람은 그 조건이 사라지면 언젠가 우리를 버릴 것입니다.

부모님의 사랑이 숭고하지만 부모님도 때로는 자녀가 기대에 못미칠 때 자녀를 버립니다. 하지만 하나님의 사랑은 우리를 버리지 않는 사랑입니다. "내 부모는 나를 버렸으나 여호와는 나를 영접하시리이다."(시편 27:10) 하나님의 사랑은 오히려 우리를 자신의 목숨을 내어 준 사랑입니다. 예수께서는 "사람이 친구를 위하여 자기 목숨을 버리면

이보다 더 큰 사랑이 없나니(요한복음 15:13)"라고 말씀하시고, 그 말씀대로 자신의 목숨을 내어 주셨습니다. "…나는 양을 위하여 목숨을 버리노라(요한복음 10:15)." 우리가 하나님의 사랑을 받아들인다면 우리는 사랑의 존재로 동화(同化)될 것이며, 하나님의 사랑을 옮기게 될 것입니다.

우리는 하나님의 의로움을 전달받고 옮기기 위하여 태어났습니다. 만일 우리가 하나님의 의로움을 받는다면 우리는 의로운 사람이 될 뿐만 아니라 우리가 만나고 접촉하는 사람들에게 하나님의 의로움을 옮기게 될 것입니다.

우리는 하나님의 생명을 받기 위하여 태어났습니다. 우리가 하나님의 생명을 받는다면 사망의 그림자 가운데 살던 우리의 인생은 영생(永生)을 얻을 것입니다. 우리는 영원한 생명의 사람으로 동화될 뿐만 아니라 다른 사람들에게 생명을 옮기는 사람이 될 것입니다.

하나님은 오늘도 모든 사람들을 자신의 영광으로 부르십니다. 우리가 하나님의 목적에 순종할 때 하나님의 영광은 더욱 풍성해질 것이며, 우리의 존재는 더욱 아름다워질 것입니다. 마치 봄날의 여러 꽃들로 인하여 봄의 생명이 더욱 풍성해지듯이, 하나님의 성품, 생명, 의로움, 사랑, 거룩함을 더욱더 반사하는 생명들로 인하여 하나님의 영광은 더욱더 풍성해질 것입니다.

누구든지 하나님의 영광화의 흐름 속에 들어가면 그는 하나님의 능력에 의하여 변화되고 동화(同化)됩니다. 내가 하나님의 영광의 흐름 속에 참여할 때, 하나님의 영광은 나의 존재를 변화시킵니다. 사람은 자신의 능력으로 자신의 삶을 바꿀 수 없습니다. 하지만 하나님의 영광의 흐름 속에 들어갈 때 사람은 변화할 수 있습니다. 하나님의 흐름 속에 있을 때, 변화하지 않는 것이 훨씬 더 어렵습니다.

나는 이 영광의 흐름 속에 빨려 들어감으로써 내 인생의 변화를 경험하였습니다. 이러한 의로움의 말씀은 우리를 향한 것입니다. 누구든지 하나님의 말씀을 믿음으로 받아들이는 자는 하나님 앞에 의로움을 얻게 됩니다.

누구든지 하나님만을 바라보고 의지하면 이 영광의 흐름 속에 참여할 수 있습니다. 지금 나의 환경이나 형편은 중요하지 않습니다. 내가 나의 열악한 환경만을 바라본다면 우리는 결코 나음을 입을 수 없습니다. 오직 죽은 자를 살리시며 없는 것을 있는 것처럼 부르시는 하나님을 바라볼 때 우리는 하나님의 영광의 운동 속에 참여합니다.

어느 시대에나 하나님을 바라본 자들은 하나님의 영광화의 운동 가운데 참여했으며 그들은 그 속에서 나음(healing)을 입고 회복(回復)의 은총을 얻었습니다. 하나님은 오늘도 우리를 부르셔서 하나님의 영광을 체험하게 하십니다. 우리가 하나님의 영광을 체험할 때, 우리는 그 영광 안에서 모든 차원에서 회복될 것이며, 단순한 치유와 회복을 넘어서서 하나님의 영광을 불꽃처럼 드러내게 될 것입니다.

참고서적

강성두, 『기독교란 무엇인가』(대한기독교서회).

개럿 그린, 『하나님 상상하기 : 신학과 종교적 상상력』(한국장로교출판사, 1996).

김광식, 『신앙에의 초대』(대한기독교출판사).

김상복 편집, 『이것이 나의 간증입니다』(나침반사).

김세윤, 『구원이란 무엇인가』(성경읽기사, 1984).

김중기, 『이대로 주저앉을 수 없다: 사람도 변할 수 있나』(예능).

로호만, 오영석 옮김, 『사도신경 해설』(한국신학연구소).

로호만, 『주기도문 강해 : 기도와 정치』(대한기독교서회).

C.S 루이스, 『순전한 기독교』(홍성사, 2005).

맥그라쓰, 김일우 옮김, 『회의에서 확신으로』(한국기독학생회출판부).

맥그라쓰, 『친구에게 전하고 싶은 이야기』(예루살렘).

박영덕, 『차마 신이 없다고 말하기 전에』(서울: IVP).

벌코프, 『조직신학』(상/하) (크리스챤 다이제스트).

손봉호, 『나는 누구인가』(샘터).

존 스토트, 황을호 옮김, 『기독교의 기본 진리』(생명의말씀사).

에릭슨, 김수 옮김, 『무얼 믿든 상관있나요?』(죠이선교회).

옥한흠, 『문밖에서 기다리시는 하나님』(두란노).

이규학, 『새신자 길라잡이』(예영).

이재철, 『새신자반』(홍성사).

임택진, 『기독교를 알기 쉽게』(한국문서선교회).

정학봉, 『기독교 기본신앙』(동서남북).

타운즈, 『평신도 조직신학』(엠마오).

헤셀, 이현주 옮김, 『누가 사람이냐』(종로서적).

홍성철 편집, 『나는 어떻게 예수님을 만났는가?』(세복).